実務家向けの逐条解説

「中小企業の会計に関する指針」と実務

税理士
上西 左大信 著

税務経理協会

はじめに

　会社法が平成17年6月29日に成立し，7月26日に公布されました。この会社法の法案段階において，「会計参与」制度が提唱されました。会計参与の資格者となることができるのは，税理士又は公認会計士（税理士法人や監査法人を含みます）に限られ，会計参与は，取締役・執行役と共同して計算書類を作成することを職務とし，株主総会において計算書類に関して株主が求めた事項について説明をしなければなりません。このように，会計参与制度は，株式会社の計算書類の質の向上と透明性の確保を目的としているものといえます。

　しかし，また，中小企業が計算書類を作成するに当たり基準となるものが，中小企業庁，日本税理士会連合会及び日本公認会計士協会から公表され，3つの報告・基準等が併存する状態となっていました。会社法が施行された時点で，会計参与に税理士が就任すれば日本税理士会連合会の会計基準に基づくことになり，公認会計士が就任した場合には日本公認会計士協会の報告を参考にすることになるといった状況が想定され，中小企業の計算書類はかえって不統一のものになる恐れがありました。

　そこで，日本税理士会連合会，日本公認会計士協会，日本商工会議所及び企業会計基準委員会（順不同）は，これらの報告等を統合し，平成17年8月3日に，中小企業，とりわけ会社法において導入された会計参与が計算書類を作成するに当たり拠ることが望ましい会計処理を示した「中小企業の会計に関する指針」を公表しました。

　本書は，その「中小企業の会計に関する指針」の解説書です。と同時に，中小企業にとって参考となる処理例を第2部で紹介しています。紹介例の中には，中小企業にとってはあまり馴染みのないものも含まれているかもしれませんが，いずれも「中小企業の会計に関する指針」を理解し，適用するに当たり必要な事項です。これらの解説と処理例の紹介が，中小企業の実務に携わる方のお役に立てれば幸いです。

おわりになりましたが，本書の出版にあたり多大なご助言をいただきました税経通信編集部の鈴木利美様，書籍製作部の吉冨智子様に対しまして厚く御礼申し上げます。

平成18年1月

税理士　上西左大信

CONTENTS

はじめに

SECTION 1 指針編

1. 総論 ··· 2
2. 金銭債権 ··· 22
3. 貸倒損失・貸倒引当金 ····························· 32
4. 有価証券 ··· 43
5. 棚卸資産 ··· 56
6. 経過勘定等 ·· 67
7. 固定資産 ··· 72
8. 繰延資産 ··· 93
9. 金銭債務 ·· 101
10. 引当金 ··· 109
11. 退職給付債務・退職給付引当金 ··············· 120
12. 税金費用・税金債務 ····························· 138
13. 税効果会計 ······································· 145
14. 資本・剰余金 ···································· 156
15. 収益・費用の計上 ······························· 164
16. 外貨建取引等 ···································· 169
17. 計算書類の注記 ·································· 179
18. 後発事象 ·· 186
19. 決算公告と貸借対照表及び損益計算書の例示 ········· 191

SECTION 2　実　務　編

1　金 銭 債 権 …………………………………………………200
2　貸倒損失・貸倒引当金 …………………………………205
3　有 価 証 券 …………………………………………………212
4　棚 卸 資 産 …………………………………………………217
5　固 定 資 産 …………………………………………………221
6　引　当　金 …………………………………………………228
7　退職給付債務・退職給付引当金 ………………………233
8　税効果会計 …………………………………………………239
9　資本・剰余金 ………………………………………………243
10　外貨建取引等 ………………………………………………247

目次

CASE

CASE 1	債権金額以外の金額で債権を取得した場合	200
CASE 2	債権金額の金利調整の仕方	201
CASE 3	決済時に金利調整を認識する方法	202
CASE 4	手形の割引	202
CASE 5	金銭債権の注記	203
CASE 6	貸倒処理	205
CASE 7	貸倒損失の表示（損益計算書）	206
CASE 8	貸倒引当金の繰入・繰戻（取崩）の仕訳	206
CASE 9	貸倒引当金の表示例	208
CASE 10	当期に貸倒損失が発生した場合	209
CASE 11	全部資本直入法と部分資本直入法	212
CASE 12	その他有価証券について減損処理をした場合	215
CASE 13	法人税法上の評価損の要件を満たさなかった場合	215
CASE 14	低価法を適用した場合の翌期における処理方法	217
CASE 15	低価法の時価に正味実現可能価額を採用した場合	218
CASE 16	棚卸資産の評価損	220
CASE 17	少額の付随費用	221
CASE 18	減価償却費の償却超過額	222
CASE 19	特別償却	223
CASE 20	圧縮記帳	226
CASE 21	減損	226
CASE 22	賞与引当金の表示	228
CASE 23	賞与引当金の申告調整	229
CASE 24	未払賞与の表示	231
CASE 25	退職給付引当金の繰入	234
CASE 26	税効果会計の基礎	239
CASE 27	実行税率	241
CASE 28	自己株式の取得	243
CASE 29	自己株式の処分	244
CASE 30	自己株式の消却	245
CASE 31	申告調整	247

SECTION 1

指 針 編

1 総　　論

目　的

> **要　点**
> ➢ 株式会社は，商法により，計算書類の作成が義務付けられている。
> ➢ 中小企業の会計に関する指針（以下「本指針」という。）は，中小企業が，計算書類の作成に当たり，拠ることが望ましい会計処理や注記等を示すものである。
> ➢ このため，中小企業は，本指針に拠り計算書類を作成することが推奨される。とりわけ，会社法施行後における会計参与設置会社が計算書類を作成する際には，本指針に拠ることが適当である。
> ➢ このような目的に照らし，本指針は，一定の水準を保ったものとする。

1　中小企業の会計―計算書類の作成義務

1．中小企業の会計－計算書類の作成義務

　株式会社は，商法により，計算書類の作成が義務付けられている。その作成方法は，商法総則の商業帳簿の規定と，株式会社の計算の規定に定められているほかは，商法第32条第2項において「公正ナル会計慣行ヲ斟酌スベシ」とされている。この「公正ナル会計慣行」の中の一つとして，一般に公正妥当と認められる企業会計の基準（以下「会計基準」という。）がある。会計基準においては，中小企業の特性を考慮した簡便的な方法が設けられている場合もあり，また，会計実務では，具体的な規定が会計基準において定められていないような場合など，一定の状況下

では，法人税法で定める処理が参照されている。

I 「公正なる会計慣行」

　商法は，第1編「総則」第5章「商業帳簿」及び第2編「会社」第4章「株式会社」第4節「会社の計算」において，次の表のように帳簿又は会計に関連する規定を設けています。

第1編「総則」 第5章「商業帳簿」	第32条	商 業 帳 簿
	第33条	会計帳簿及び貸借対照表
	第33条ノ2	電磁的記録による会計帳簿及び貸借対照表
	第34条	財産評価の原則
	第35条	商業帳簿の提出
	第36条	商業帳簿等の保存
第2編「会社」 第4章「株式会社」 第4節「会社の計算」	第281条	計算書類・付属明細書の作成・監査
	第281条ノ2	計算書類・付属明細書の提出
	第281条ノ3	監査報告書
	第283条	計算書類・監査報告書の公示
	第284条ノ2	資本・払込剰余金
	第285条	財産評価の特則
	第288条	利益準備金
	第288条ノ2	資本準備金
	第289条	法定準備金の使用
	第290条	利益の配当
	第291条	利息の配当
	第293条	配当の基準
	第293条ノ2	配当可能利益の資本組入
	第293条ノ3	準備金の資本組入
	第293条ノ5	中 間 配 当

しかし，これらの各種規定は，会計処理に関する規定というよりも，計算書類の作成や承認等といった会計制度に関する規定であったり，配当等の規制に関する規定としての側面が強いものです。

商法第32条第2項は，「商業帳簿の作成に関する規定の解釈については公正なる会計慣行を斟酌すべし」と規定しています。これは，「公正なる会計慣行の斟酌規定」といわれているものです。この「公正なる会計慣行」とは「一般に公正妥当と認められた企業会計の基準」をはじめとし，企業会計基準委員会が公表する適用指針や実務対応報告，及び日本公認会計士協会が公表する委員会報告や実務指針等が総体として「公正なる会計慣行」を形成しているものと認められます。すなわち，商法第32条第2項は，商法が具体的な会計に関する規定を設けていなくても，「公正なる会計慣行」を斟酌することにより商法が要請する計算書類が作成されることを前提とし，かつ，そのことを認めているのです。

また，公開会社においても法人税法上の処理の規定が参照されていることを考えると（例えば，耐用年数の取扱い等），法人税法が定める処理が「公正なる会計慣行」としての側面を有することもあります。

Ⅱ 本指針と「公正なる会計慣行」の関係

従来，中小企業（商法上の中小会社）にとって，この「公正なる会計慣行」の内容である具体的な会計処理の基準等が必ずしも明確ではありませんでした。それゆえに，本指針の公表により，中小企業にとって「拠ることが望ましい会計処理や注記等」が示された意義は大きいものと言えます。そして，本指針は，「中小企業の会計」のための「公正なる会計慣行」の一つとして作成されたものであり，また，そのことが期待されているものです。したがいまして，本指針は，中小企業にとって唯一の指針となるものではありません。また，本指針の公表は，大会社と中小会社では異なった「会計基準」が存在すること（ダブルスタンダード）を認めるものでもありません。会計基準においても，中小企業の特性を考慮した規定があります。本指針は，「公正なる会計慣行」を形成する

総体の一部となるものであり，中小企業の会計を意識して作成されたものです。

Ⅲ 中小企業の特性を考慮した方法等

そこで，本指針は，まず，上記のことを再確認し，次に，以下の2つのことを示しています。

① 会計基準においては，中小企業の特性を考慮した簡便的な方法が設けられている場合があること
② 会計実務では，具体的な規定が会計基準において定められていないような場合など，一定の状況下では，法人税法で定める処理が参照される，すなわち，採用することが認められること

この「法人税法で定める処理が参照される」という規定ぶりは，中小企業会計指針が，コスト・ベネフィットを考慮し，中小企業の実務上の必要性から，適宜，法人税法の規定を読み込んでいることを意味しています。

本指針において，中小企業の特性を考慮した主な規定は，次の通りです（第7項参照）。

①	貸倒損失・貸倒引当金	一定の場合には，法人税法上の繰入限度額をもって貸倒引当金としています（第18項）。
②	有価証券	売買目的有価証券とその他の有価証券との区分について，法人税法の規定による分類を認めています（第19項）。
③	棚卸資産	棚卸資産の評価方法として，一定の場合には，最終仕入原価法を認めています（第28項）。
④	固定資産	減損損失の認識及びその額の算定に当たって，簡便な方法を認めています（第36項）。
⑤	退職給付・退職給付引当金	退職給付債務の計算及び退職給付引当金の計上方法等について，簡便な方法を認めています（第54項，第57項）。
⑥	税効果会計	繰延税金資産の回収可能性について，簡便な方法を認めています（第63項）。

SECTION 1 指針編

② 本指針作成の経緯

> 2．本指針作成の経緯
>   従来，中小企業が適用することができる「公正ナル会計慣行」とは何かが十分には明確になっていないと指摘されてきた。そこで，中小企業が，資金調達先の多様化や取引先の拡大等も見据えて，会計の質の向上を図る取組みを促進するため，平成14年6月に中小企業庁が，「中小企業の会計に関する研究会報告書」を発表した。また，これに呼応して，平成14年12月に日本税理士会連合会が「中小会社会計基準」を，平成15年6月に日本公認会計士協会が「中小会社の会計のあり方に関する研究報告」をそれぞれまとめ，その普及を図ってきた。本指針は，これら3つの報告を統合するものである。

Ⅰ 「中小企業の会計」

　平成14年6月，中小企業庁の「中小企業の会計に関する研究会」は，「資金調達先の多様化や取引先の拡大を目指す中小企業が，商法上の計算書類を作成するに際して準拠することが望ましい会計のあり方を明らかにすることを検討の目的」とした「中小企業の会計に関する研究会報告書」を発表しました。この報告書は，次のような環境の変化を踏まえてとりまとめられたものです。

> ① 前向きな中小企業にとって信頼性のある計算書類が有用となってきたこと
> ② 平成14年4月から自社ホームページ等による計算書類の公開が可能となったこと
> ③ 税効果会計や退職給付会計など新しい会計基準の中小企業への適用が不明確であったこと

　報告書は，①中小企業とその会計を巡る現状と課題，②中小企業の会計，③

参考資料編の3部で構成されています。その第2編がいわゆる「中小企業の会計」です。そして，第1編の「中小企業とその会計を巡る現状と課題」は，その末尾を次のように結んでいます。

　「中小企業の会計を巡っては，これまで，中小企業の実態に応じて，専門家の協力を得て，実務面で鋭意対応が図られてきた。しかしながら，中小企業経営を巡る環境の構造的・抜本的な変化，商法上のディスクロージャーの現実的要請，会計全般の新たな進展など，中小企業の会計は大きな変化の時にある。

　こうした問題意識から，次編に，中小企業の会計の望ましいあり方についての検討の成果を示した。

　会計実務，運用に関する事項には立ち至っていないが，こうした面も含め，専門家団体等による今後の検討の深化により，中小企業の会計について一層の充実が図られていくものと考えている。」

Ⅱ　税理士会と会計士協会の対応

　同報告書に呼応するかたちで日本税理士会連合会及び日本公認会計士協会が，それぞれの会計に関する基準又は報告を公表しました。それにより，中小企業の会計に関して，次の3つの報告等が存在することとなりました。

作成・公表団体	報告等の名称	公表等の時期
中小企業庁	「中小企業の会計に関する研究会報告書」	平成14年6月
日本税理士会連合会	「中小会社会計基準」	平成14年12月
日本公認会計士協会	「中小会社の会計のあり方に関する研究報告」	平成15年6月

　上記の3つの文書は，電子媒体における決算公告が商法で認められたことを機に，中小企業にとって商法上計算書類を作成するに際して斟酌することとされている「公正ナル会計慣行」（商法32②）とは何かを明らかにするための取組みであったといえます。それまで十分には明確ではなかったとされる「公正なる会計慣行」を明らかにするという点では評価されるものであり，こうした報

告等の作成や普及活動は，中小企業の会計の質を向上させる上で，極めて有意義なものでした。

しかし，次の指摘が各方面から多数寄せられました。

> ① 同様の報告が3つ存在することは，利用者である中小企業において混乱が生じかねず，かえって混乱が生じるおそれがある。
> ② 将来第4，第5の同様の報告が公表された場合には，混乱は一層深まることが想定される。

Ⅲ 会計参与制度の影響

平成17年6月29日に成立した会社法では，会計参与の制度が導入されましたが，その法案の審議の過程で，取締役・執行役と共同して計算書類を作成することを職務とする「会計参与」制度の導入が盛り込まれ，公認会計士・税理士が会計参与になることのできる資格者となることが明らかになったことから，計算書類の作成基礎が複数存在することが一層問題とされるようになりました。すなわち，公認会計士が会計参与になった場合と税理士が会計参与になった場合とでは，それぞれの計算書類の作成基礎が異なると，作成される計算書類の内容が相違することになるという問題が生じるからです。そこで，会計参与制度の適正な運用を図るため，会計参与が拠るべき統一的な会計処理の指針を作成することが期待されるようになりました。

Ⅳ 「中小会社の会計に関する指針」への統合

そうした経緯及び指摘等を踏まえ，平成17年3月に，職業会計人であり，かつ，会計参与の有資格者の団体である日本公認会計士協会及び日本税理士会連合会，中小企業の会計のユーザーを代表する日本商工会議所，企業会計基準の設定主体である企業会計基準委員会を含めた関係4団体が主体となり，学識経験者並びに中小企業庁，法務省，及び金融庁の参加を得て「「中小企業の会計」の統合に向けた検討委員会」が設置されました。そして，中小企業の会計の統

合に向け，合計3回の検討委員会及び合計7回の専門委員会において上記3つの報告書等の統合に向けた検討作業等が行われました。

そして，日本公認会計士協会，日本税理士会連合会，日本商工会議所および企業会計基準委員会（順不同）は，平成17年6月13日に，「中小会社の会計に関する指針（案）」（以下「本指針」という）を公表し，平成17年8月3日に「中小会社の会計に関する指針」を正式に公表しました。本指針は，3つの報告書等を統合したものです。

「中小企業の会計に関する指針」の確定・公表に至る経緯は，次のとおりです。

平成17年6月13日	「中小企業の会計に関する指針」（公開草案）の公表
平成17年6月13日～平成17年7月8日	公開草案に対するパブリックコメントの募集
平成17年8月1日	広く各界から寄せられたコメントを分析，検討した上で，「「中小企業の会計」の統合に向けた検討委員会」において「中小企業の会計に関する指針」が確定
平成17年8月3日	関係4団体により次の文書等が公表 ①　中小企業の会計に関する指針 ②　「中小企業の会計に関する指針」の公表について（プレスリリース） ③　中小企業の会計に関する指針（確定版）と公開草案の対照表

V　適用開始時期

「中小企業の会計に関する指針」の適用時期及び従来の報告等の廃止時期については，本指針には明記されていませんが，日本公認会計士協会も日本税理士会連合会も，本指針の公表時点で従前の報告等を廃止する取扱いとしています。

例えば，日本税理士会連合会は，具体的に次のように示しています（「税理士界」平成17年8月15日号参照）。

①　本指針の公表時点で「中小会社会計基準」を廃止する。
②　本指針については，公表後に開始される事業年度から適用する。

> ③ 本指針の公表前において,「中小会社会計基準」を適用している場合には,その事業年度が終了するまでの間は,同基準による。

　上記②によりますと,事業年度が1年で月末決算法人の場合は,本指針の公表は平成17年8月3日ですから,公表後である平成17年9月1日から開始し,平成18年8月31日に終了する事業年度から適用されることになります。

Ⅵ　今後の予定
(1) 本指針の改訂
　会社法は,公布日である7月26日から起算して1年6月を超えない範囲内で政令で定める日から施行されますが,これに伴い,年内には会社法施行令及び会社法施行規則が制定される見込みです。これらの政省令が施行された場合には,関係4団体は,本指針を適時に見直しを行い,必要な改訂をする方針です。
(2) チェック・リストの作成
　中小会社会計基準の場合は,「中小会社会計基準適用に関するチェック・リスト」が作成・公表されましたが,中小企業等からの要請を考えると,本指針の場合も同様のチェック・リストが必要です。日本税理士会連合会は,本指針及び会計参与制度の普及・定着のための対応を進めています。その施策の一つとして,平成17年9月6日付で,本指針及び会計参与制度の調査研究を行うための付設機関「中小企業会計研究会」が設置されました。この研究会において,チェック・リストの検討・作成が行われる予定です。

3．本指針の目的

　本指針は,中小企業が,計算書類の作成に当たり,拠ることが望ましい会計処理や注記等を示すものである。このため,中小企業は,本指針に拠り計算書類を作成することが推奨される。
　また,平成18年度内の施行を目途として立法作業が行われている会社

法において，取締役と共同して計算書類の作成を行う「会計参与制度」の導入が予定されている。本指針は，とりわけ会計参与が取締役と共同して計算書類を作成するに当たって拠ることが適当な会計のあり方を示すものである。このような目的に照らし，本指針は，一定の水準を保ったものとする。

　もっとも，会計参与を設置した会社が，本指針に拠らずに，会計基準に基づき計算書類を作成することも，当然に認められる。

③ 本指針の目的

本指針の目的は，次の2つのことを示すことにあります。

① 中小企業が計算書類を作成するに当たり拠ることが望ましい会計処理や注記等
② 会計参与が取締役と共同して計算書類を作成するに当たり拠ることが適当な会計のあり方

ここで①の「拠ることが望ましい」という表現は，本指針がすべての中小企業にとって計算書類を作成する上での努力目標として位置付けられていることを示しています。また，②は，平成18年5月に施行予定の会社法における会計参与が計算書類を作成する場合には，本指針に拠ることが適当であるという趣旨です。②の場合の方が，より強く本指針に拠るべきであるということが示されています。

もっとも会計参与設置会社にあっては，本指針に拠らずに，一般に公正妥当と認められる企業会計の基準（以下「会計基準」という）に基づき計算書類を作成することも認められています。また，会計参与を設置しない会社においては，計算書類を疎かにしてもよいという意味ではありません。むしろ中小企業全般において，本指針により計算書類を作成することが推奨されているのです。会

SECTION 1　指　針　編

計参与の設置の有無とは関係なく，中小企業が本指針の適用会社になることにより，債権者等から一層信頼されるようになるというメリットが期待できるものと思われます。

　なお，本指針は，仕訳などの具体的な処理方法や用語などを解説するマニュアルではなく，計算書類を作成するに当たり必要な最低限の基本的考え方を示したものです。その枠組みを逸脱しない範囲において，会計専門家や中小企業がそれぞれの判断で会計処理を行い，計算書類を作成していくべきものと考えられます。

4　本指針の適用対象

対　象

> 要　点
> ➤ 本指針の適用対象は，以下を除く株式会社とする。
>   (1)　証券取引法の適用を受ける会社並びにその子会社及び関連会社
>   (2)　株式会社の監査等に関する商法の特例に関する法律（以下「商法特例法」という。）上の大会社（みなし大会社を含む。）及びその子会社
> ➤ 有限会社，合名会社又は合資会社についても，本指針に拠ることが推奨される。

4．本指針の適用対象とする株式会社
　　本指針の適用対象は，以下を除く株式会社とする。
　(1)　証券取引法の適用を受ける会社並びにその子会社及び関連会社
　(2)　商法特例法上の大会社（みなし大会社を含む。）及びその子会社
　これらの株式会社は，公認会計士又は監査法人の監査を受けるため，会計基準に基づき財務諸表を作成することから，本指針の適用対象外とする。

> 5．有限会社，合名会社又は合資会社
>   有限会社，合名会社又は合資会社についても，計算書類を作成するに当たり，本指針に拠ることが推奨される。
>   本指針では，本指針の適用対象となる会社を中小企業という。

Ⅰ　本指針の適用対象

　本指針の適用対象は，いわゆる公認会計士監査を受けるため一般に公正妥当と認められた企業会計の基準（以下「会計基準」という）に基づき計算書類（財務諸表）を作成する公開会社等を除く株式会社とします。

　連結財務諸表監査や企業結合関係の成果の監査においては，監査対象会社のみならずその子会社等に関しても会計基準に基づき計算書類（財務諸表）を作成することが求められるため，本指針の適用範囲外とされているのです。

　なお，本指針は，商法上の用語である「計算書類」の表記を原則としています。第4項で「財務諸表」とあるのは，証券取引法を意識した表記であり，「計算書類」と同じ意味です。

Ⅱ　有限会社等の取扱い

　計算書類の公告が義務付けられていたり，会計参与制度が会社の機関となるのは，株式会社についてだけです。しかし，有限会社は中小企業の中で占める割合が高く，また，合資会社及び合名会社も一定の割合で存在しますので，本指針の対象を株式会社に限定する必要がありません。そこで，本指針は，有限会社，合名会社又は合資会社についても計算書類を作成するに当たり本指針に拠ることが推奨されており，幅広くすべての中小企業にとっての努力目標であるとともに有用であることを示しています。

　なお，会社法により新たな会社類型として合同会社（日本版ＬＬＣ）が創設されます。合同会社は，出資者が有限責任である点では「物的会社」である株式会社と同じですが，会社の内部自治については民法上の組合の規定が適用され

る点で合資会社や合名会社に類似した「人的会社」です。現段階では，合同会社も他の法人と同じように法人税が課税されることになっています(構成員に対するいわゆるパススルー課税はありません。また，株式会社への組織変更も可能です)。したがいまして，会社法の施行により登場する合同会社についても，会社法の施行等により改訂された後の「中小企業の会計に関する指針」の適用を受けることになるものと思われます。

Ⅲ 中小「企業」の意義

本指針の制定に当たり，「中小企業」及び「中小会社」のいずれにするのかの議論がありましたが，本指針の検討作業は，「「中小企業の会計」の統合に向けた検討委員会」であること，商法に規定されていた中小会社という概念について会社法では定義されなくなること，関係4団体の他に中小企業庁等の参加を得ていること等を踏まえ，実社会で広く使われている「中小企業」を採用し，馴染みのあるものとしています。

また，日本税理士会連合会が統合前に公表していた「中小会社会計基準」が今回の統合により「中小企業の会計に関する指針」になったことから，将来的に本指針が「個人企業」にも適用されるのではないかという疑問又は懸念が一部にあったようです。しかし本指針は，第4項及び第5項で明らかなように，株式会社，有限会社，合名会社及び合資会社を対象としており，「個人企業」を適用対象とはしていません。

5 本指針の作成に当たっての方針

本指針の作成に当たっての方針

> **要 点**
> ➢ 会社の規模に関係なく，取引の経済実態が同じなら会計処理も同じになるべきである。しかし，専ら中小企業のための規範として活用するた

> め，コスト・ベネフィットの観点から，会計処理の簡便化や法人税法で規定する処理の適用が，一定の場合には認められる。
> ➢ 会計情報に期待される役割として経営管理に資する意義も大きいことから，会計情報を適時・正確に作成することが重要である。

6．会計基準とその限定的な適用

　中小企業に限らず企業の提供する会計情報には，本来投資家の意思決定を支援する役割や，利害関係者の利害調整に資する役割を果たすことが期待されている。

　投資家と直接的な取引が少ない中小企業でも，資金調達先の多様化や取引先の拡大等に伴って，これらの役割が会計情報に求められることに変わりはない。その場合には，取引の経済実態が同じなら会計処理も同じになるよう，会社の規模に関係なく会計基準が適用されるべきである。本指針は，基本的に，このような考え方に基づいている。

　しかしながら，投資家をはじめ会計情報の利用者が限られる中小企業において，投資の意思決定に対する役立ちを重視する会計基準を一律に強制適用することが，コスト・ベネフィットの観点から必ずしも適切とは言えない場合がある。そこでは，配当制限や課税所得計算など，利害調整の役立ちに，より大きな役割が求められる。また，中小企業においては，会計情報を適時・正確に作成することにより，経営者自らが会社の経営実態を正確に把握し，適切な経営管理に資することの意義も，会計情報に期待される役割として大きいと考えられる。本指針では，その点も考慮して，中小企業が拠ることが望ましい会計処理のあり方を示している。

Ⅰ　会計情報の役割

　本指針では，企業が提供する会計情報の役割には，次の2つが期待されると

の認識を示しています。

> ① 投資家の意思決定を支援するという本来の役割
> ② 利害関係者の利害調整に資する役割

Ⅱ 中小企業における会計情報の役割

　本来であれば，中小企業も会計基準等に準拠して計算書類を作成することが原則として求められますが，実際に会計基準を意識して計算書類を作成している中小企業は必ずしも多くありません。その理由としては，①株主が同族者で構成されている場合が多いこと，②債権者の数が少ない場合が多いこと，③投資家との直接的な取引は限定的であること，④公開会社と同じ基準で計算書類を作成することは中小企業にとって負担が重いこと，が考えられます。

　しかし，資金調達先の多様化や取引先の拡大等に伴い，中小企業においても，会計情報にこれらの役割が求められることに変わりはありません。

Ⅲ 本指針の立場

　そこで，本指針は，取引の経済実態が同じならば，会社の規模を問わず会計処理も同じになる旨を示しつつ，会計情報の利用者が限られるという中小企業の実態を考慮して，投資家の意思決定支援機能を重視する会計基準を一律に中小企業に適用することは，コスト・ベネフィットの観点から現実的ではないという見方を示しています。また，本指針に拠り計算書類を作成することは，外部の投資家やその他の利害関係者にとって役立ち得る会計情報を提供することとなる点だけではなく，経営者自らの経営判断に際して役立つ会計情報を提供することとなる点も示しています。

　本指針は，中小企業のための規範として活用するためにコスト・ベネフィットを考慮した規定ぶりとなっていますが，第1項で述べたように，「公正なる会計慣行」や会計基準と相反するものや別個のものではありません。本指針は，「公正なる会計慣行」を形成する総体の一部となるものですが，中小企業の会

計を意識して作成されたことから，取引の経済実態が同じ場合であっても会計処理に一定の幅があることを示しているのです。

Ⅳ 本指針公表の意義

証券取引法による会計基準に縛られることなく，監査証明を受けない会社の計算書類について，簡便な方法や一定の場合には税法も認められるとする会計指針が，企業会計基準委員会の合意の下に公表されたことの意味は大きいと思われます。

また，税法基準の適用を優先し，会計処理を疎かにする傾向があった一部の税理士にとって，本指針の公表は，あるべき会計処理を意識して計算書類を作成するための契機になるものと期待されます。

> 7．法人税法で定める処理を会計処理として適用できる場合
> 　法人税法で定める処理を会計処理として適用できるのは，以下の場合である。
> (1) 会計基準がなく，かつ，法人税法で定める処理に拠った結果が，経済実態をおおむね適正に表していると認められるとき
> (2) 会計基準は存在するものの，法人税法で定める処理に拠った場合と重要な差異がないと見込まれるとき

法人税法において損金経理要件や損金算入限度額規定があるため，中小企業では，計算書類に基づいて申告書を作成するという本来の確定決算主義よりも，税法上の有利不利を判定してから会計処理を行ういわゆる税法基準によって計算書類が作成される傾向があります。減価償却費の計上など，限度額の規定があるものについては，法人税法の規定に従った方が利便性が高いという一面はあります。しかし，この税法上の限度額の規定にのみ従った処理をすると，本来であれば適切に計上されるべき費用等が計上されない事態が生じます。賞与引当金がその例として挙げることができます。税法基準による会計処理は，会

計上も商法上も適正でない場合があり，今後は中小企業においても，適切な会計処理に基づいて計算書類が作成されることが望ましいといえます。

　従来，別表四や別表五㈠などで処理等される申告調整の項目が少ないほど，その企業の経理状況が適切であるという誤解があったと思われます。申告調整事項が多いと，修正申告等があったのではないかとの指摘を金融機関から受けることもあるようです。しかし，適切な会計処理を行うと，必然的に申告調整事項が多くなります。今後は，このような申告調整事項が多い申告書の方が会計処理を適切に行っていることを証明することになります。

　ただし，本指針では，中小企業の規範として活用されやすいように，コスト・ベネフィットの観点から，法人税法で定める処理に拠った結果が，経済実態をおおむね適正に表していると認められるときや，法人税法で定める処理に拠った場合と重要な差異がないと見込まれるときは，法人税法で定める処理を会計処理としても適用することが認められています。

6　本指針の記載範囲及び適用に当たっての留意事項

本指針の記載範囲及び適用に当たっての留意事項

> 要　点
> ➢　本指針はすべての項目について網羅するのではなく，主に中小企業において必要と考えられるものについて重点的に言及している。
> ➢　本指針で記載されていない点については，「本指針の作成に当たっての方針」の考え方に基づくことが求められる。

8．本指針の記載範囲

　中小企業が計算書類を作成するに当たり拠ることが望ましい会計処理を網羅的に示すことは，およそ不可能である。そのため，本指針では，特に中小企業において必要と考えられるものについて，重点的に言及し

> ている。
> したがって，実際の適用に際し，本指針に記載のない項目の会計処理を行うに当たっては，「本指針の作成に当たっての方針」に示された考え方に基づくことが求められる。

I　本指針の性格

　本指針は，中小企業が計算書類を作成するに当たり，拠ることが望ましい「会計処理や注記等」を示すものですが，すべての項目にわたり会計処理を示すことは不可能です。そこで，本指針は，「中小企業において必要と考えられる」項目について重点的に言及をすることとしました。したがいまして，通常，中小企業にとって稀であると思われる中間財務諸表，連結財務諸表及び企業結合等については，本指針は触れていません。

　例えば，キャッシュ・フロー計算書（第89項）については，「作成は要求されていない」が，「作成することが望ましい」というスタンスをとっています。末尾にあります計算書類の例示は，貸借対照表及び損益計算書の2つであり，キャッシュ・フロー計算書の例は示されていません。業態・規模等によっては，キャッシュ・フロー計算書を必要としない場合もあると考えられるからです。また，デリバティブ，有価証券及び税効果会計等については，本指針は会計基準の規定を簡略化したり，部分的に法人税法上の規定を読み込んだりするなどして，中小企業が適用可能な工夫がされています。このように，本指針は，あくまでも中小企業の必要性に立脚した構成となっているのです。

　本指針は，仕訳などの具体的な処理方法や用語などを解説するマニュアルではなく，計算書類を作成するに当たり必要な最低限の基本的考え方を示したものとして活用されることになります。

II　記載のない場合の対応方法

　実際に本指針を適用するに当たっては，本指針に具体的な会計処理の記載が

ない項目の会計処理をする場合があることも想定されます。例えば，リース取引については，本指針は各論では直接言及していません（計算書類の注記の例示として紹介しています）。中小企業が行うリース取引のほとんどすべてが，賃貸借のリース取引であり，売買とされるリース取引は限られていると思われるからです。

また，「収益・費用の計上」については，収益及び費用の認識基準の一般原則並びに特殊な事例の概要を述べるにとどまっています。各勘定科目ごとの収益・費用の認識基準について詳細に例示する必要があるとの意見もありますが，それだけで相当の分量となります。企業の職種や取引形態，その業界の取引慣行及び契約内容等により個別に判断すべきものです。

本指針が示していない事例については，「本指針の作成に当たっての方針」に記載された基本的な考え方に立ち戻ることになります。そこでは，中小企業においては会計情報の利用者が限定されていることや会計情報が適切な経営管理に資する側面もあることが示唆されています。すなわち，この指針の枠組みを逸脱しない範囲において，会計専門家や中小企業がそれぞれの判断で会計処理を行い，計算書類を作成していくべきものと考えられます。

また，本指針に記載がないからといって重要度が低いというわけではありません。指針が示していない項目については，原則として，一般に公正妥当な会計処理の基準に従って会計処理をすることになりますが，所定の場合には，法人税法で定める処理を会計処理として適用することが認められています（第7項参照）。

9．本指針の適用に当たっての留意事項

　本指針では，項目ごとに「要点」が枠書きで示されているが，これは本文で記載されている事項の要約を簡便に記述したものである。したがって，実際の適用に際しては，「要点」の記述のみならず，本文で示されている事項も参考にすることが求められる。

Ⅲ 各項目の構成

本指針は,各項目ごとに「要点」,「本文」及び「関連項目」の3区分で構成されています。

「要点」は,原則として,本文のサマリーを示していますが,本文が言及していないことを,要点の箇所で留意的に示しているものもあります(例えば,税効果会計の項目では,重要性の原則は「要点」でのみ示されています)。したがって,実際の適用に当たっては,「要点」と本文の両方を参照する必要があることになります。

本指針を適用する際には,より詳細な会計処理について調べることが必要となる場合や,法人税法及び法人税法施行令の取扱いを参照する場合も想定されます。そこで,本指針は,各項目の末尾に「関連項目」として,商法施行規則,会計基準及び法人税法等の該当条項等を示すこととしています。

例えば,金銭債権(第10項~第16項)の「関連項目」として,商法施行規則第30条以下が示されています。その箇所を読めば,金銭債権の評価についての商法上の要請等を理解することができます。次に,金融商品会計基準の第三・一,四及び法人税法第61条の5及び第61条の6が示されていますが,そこでは会計上及び法人税法上のそれぞれのデリバティブ取引の損益の認識等についての規定があります。必要に応じて,これらの項目を確認し,関連項目に対する理解を深めた上で,計算書類を作成することが望まれます。

2 金銭債権

金銭債権

> 要　点
> ➤ 金銭債権には，その債権金額を付す。
> ➤ 金銭債権の取得価額が債権金額と異なる場合は，取得価額で計上することができる。

1 金銭債権の定義と種類

> 10. 金銭債権の定義
> 　　金銭債権とは，金銭の給付を目的とする債権をいい，預金，受取手形，売掛金，貸付金等を含む。

　金銭債権とは，金銭の給付を請求できる権利をいい，預金，受取手形，売掛金，貸付金等を含みます。具体的な内容は次の通りです。

種　類	具　体　的　な　内　容
預　貯　金	当座預金，普通預金，通知預金，定期預金，定期積立，納税準備預金，別段預金，郵便貯金，郵便振替貯金等，金融機関との預金契約等により預け入れられた資金をいいます。
貸　付　金	民法上の金銭消費貸借契約等に基づく金銭貸付等取引により生じた金銭債権をいいます。
売　掛　金	得意先との間に発生した通常の取引に基づいて発生した営業上の未収入金をいいます。商品等の売買に基づくものだけではなく，役務の提供による営業上の未収入金も含みます。

受 取 手 形	得意先との間の取引に基づいて発生した手形債権をいいます。
デリバティブ取引から生じる債権	先物取引，先渡取引，オプション取引，スワップ取引及びこれらの類似取引（デリバティブ取引）から生ずる正味の債権等は金融資産であり，債権の一種として取り扱われます。

　本指針は，ＣＤ（譲渡性預金）及びＣＰ（コマーシャル・ペーパー）については，有価証券として取り扱っています。しかし，国内ＣＤについては，預金として表示することも可能です（第23項参照）。もっとも中小企業でＣＤ又はＣＰを保有していることは稀であると思われます。

種　　　類	具　体　的　な　内　容
Ｃ　　　Ｐ	公開市場を通じて短期資金を調達するために発行する無担保の証券をいいます。額面の最低額は１億円以上とされています。
Ｃ　　　Ｄ	預金者が金融市場で自由に売買できる，銀行が発行する無記名の預金証書をいいます。最低預金額が5,000万円以上のものがほとんどです。

② 金銭債権の評価　》P.200，CASE１　CASE２　CASE３

11．貸借対照表価額
　　金銭債権には，その債権金額を付す。

12．取得価額と債権金額とが異なる場合の処理
　　金銭債権の取得価額が債権金額と異なる場合は，取得価額で計上することができる。すなわち，債権金額より高い代金で買い入れたときは，相当の増額をした金額をもって貸借対照表に計上し，債権金額より低い代金で買い入れたときその他相当の理由があるときは，相当の減額をした金額をもって，貸借対照表に計上することが認められている。
　　なお，債権金額と取得価額との差額が金利の調整であるときは，決済期日までの期間にわたり，毎期一定の方法で加減して処理する。ただし，

SECTION 1　指　針　編

> 取得価額と債権金額との差額に重要性が乏しい場合には，決済時点において差額を損益として認識することもできる。

> 13. 時価評価
> 　市場価格のある金銭債権については，時価をもって貸借対照表価額とし，評価差額は，当期の損益として処理することができる。

I　商法施行規則

商法施行規則第30条は，金銭債権の評価について次のように規定しています。
「(金銭債権の評価)
第30条　金銭債権については，その債権金額を付さなければならない。ただし，債権金額より高い代金で買い入れたときは相当の増額を，債権金額より低い代金で買い入れたときその他相当の理由があるときは相当の減額をすることができる。
2　前項の場合において，金銭債権につき取立不能のおそれがあるときは，取り立てることができない見込額を控除しなければならない。
3　市場価格のある金銭債権については，第1項の規定にかかわらず，時価を付するものとすることができる。」

II　本指針の取扱い

第11項は，商法施行規則第30条第1項本文で示されている金銭債権の評価の原則を示しています。

債権金額とは，債権の名義上の金額を言います。通常の場合は，債権金額をもって売買等がなされることから，債権金額が取得価額となります。しかし，債権金額よりも高い金額又は低い金額のいずれで取得した場合においても，その債権金額で計上するのが原則です。

第12項は，商法施行規則第30条第1項但書で規定されている金銭債権の取得

価額が債権金額と異なる場合の処理について示しています。

　金銭債権の取得価額が債権金額と異なる場合は，債権金額ではなく，取得価額で計上することができます。債権金額より高い代金で買い入れたときは，債権金額よりも相当の増額をした金額（取得価額）をもって貸借対照表に計上し，債権金額より低い代金で買い入れたときその他相当の理由があるときは，債権金額よりも相当の減額をした金額（取得価額）をもって，貸借対照表に計上することになります。そして，債権金額と取得価額との差額が金利の調整であるときは，決済期日までの期間にわたり，毎期一定の方法で加減して処理します。本指針のいう「一定の方法」とは，償却原価法の利息法又は定額法を意味します。

　金融商品会計に関する実務指針105は，利息法を原則とし，一定の場合には定額法によることができるとしています。また，法人税基本通達2－1－34は，利息法と定額法のいずれも選択できるような規定ぶりとなっています。利息法の方が理論的にすぐれていると思われますが，本指針は，中小企業への事務的な配慮から，利息法と定額法のいずれを選択するのかについては示していません。中小企業の場合は，定額法でも足りると思われます。

　また，本指針は，取得価額と債権金額との差額に重要性が乏しい場合には，決済時点において差額を受取利息又は支払利息として認識することもできるとしています。

　上記のいずれの場合においても，期間の経過により実現したと認められる部分については，受取利息又は支払利息として認識することが原則です。

　ただし，法人税法上は，次のような取扱いがされています。

① 　主として金融及び保険業を営む法人以外の法人が，その有する貸付金等から生ずる利子でその支払期日が1年以内の一定の期間ごとに到来するものの額について，継続してその支払日の属する事業年度の益金に算入している場合は，その処理が認められます。これは，発生主義の例外として，「利払期基準」を税法が認めたものです。ただし，利払期が1年を超える（例えば，2年）ものについては，適用がありませんので留意が必要です

(法基通2－1－24)。

② 支払利息の計上については，法人税基本通達は明記していません。発生主義により認識することが原則ですが，短期前払費用に該当する（1年以内の短期前払費用）ものは，継続してその支払った日の属する事業年度の損金の額に算入することが認められています（法基通2－2－14）。

③ 売上債権又はその他の金銭債権について，その現在価値とその債権に含まれている金利要素とを区分経理している場合において，その金利要素に相当する部分の金額は，その債権の発生の基となった資産の販売等に係る売上の額等に含めて処理します（法基通2－1－24(注)2）。

第13項は，商法施行規則第30条第3項の規定を受けて，市場価格のある金銭債権については，時価をもって貸借対照表価額とし，評価差額は，当期の損益として処理することができるとしています。

法人税法上，資産の評価益が認められるのは，①会社更生法等の規定による評価換えをする場合，②組織変更をする場合に評価換えする場合，③保険会社が保険業法の規定に基づき評価換えする場合，に限られています（法法25，法令24）。また，法人が資産を評価換えしてその帳簿価額を減額した場合に，一定の場合に損金の額に算入されることがありますが，対象となる資産から「預金，貯金，貸付金，売掛金その他の債権」が除かれています（法法33②，法令68）。

したがって，市場価格のある金銭債権を時価評価した場合には，原則として法人税法上の申告調整が必要となりますが，中小企業が市場価格のある金銭債権を保有し，かつ，時価をもって貸借対照表価額とすることは稀であると思われます。

③ 金銭債権の譲渡　≫ P.202, CASE 4

14. 金銭債権の譲渡
　　手形の割引又は裏書及び金融機関等による金銭債権の買取りは，金銭

> 債権の譲渡に該当する。したがって，手形割引時に，手形譲渡損が計上される。

　金融商品会計に関する実務指針136は，「割引手形及び裏書手形については，原則として新たに生じた二次的責任である保証債務を時価評価して認識するとともに，割引による入金額又は裏書による決済額から保証債務の時価相当額を差し引いた譲渡金額から，譲渡原価である帳簿価額を差し引いた額を手形売却損益として処理する。」と示しています。保証債務の時価相当額については，便宜上，ないものとして考えると，手形の額面金額と入金額との差額が手形譲渡損となります。

　手形の割引及び裏書きは，金銭債権の譲渡に該当します。本指針は，手形の割引をするに当たって，譲渡金額と譲渡原価である帳簿価額との差額を「手形譲渡損」として処理することを示しています。中小企業の実務においては，受取手形の債権金額と譲渡価額との差額を「手形割引料」として，損益計算書の「支払利息割引料」の科目で表示する場合が依然として多いようですが，適切な表示ではありませんので，「手形譲渡損」の科目を設ける必要があります。

4 表　　示　» P.203，CASE 5

> 15. 貸借対照表上の表示
> (1) 営業上の債権
>   　売掛金，受取手形その他営業取引によって生じた金銭債権は，流動資産の部に表示する。ただし，これらの金銭債権のうち破産債権等で決算期後1年以内に弁済を受けることができないことが明らかなものは，投資その他の資産の部に表示する。
> (2) 営業上の債権以外の債権

> (1)以外の金銭債権であって，その履行時期が決算期終了後1年以内に到来するもの又は到来すると認められるものは，流動資産の部に表示し，それ以外のものは，投資その他の資産の部に表示する。
> (3) 支配株主等に対する金銭債権
> 　支配株主又は子会社に対する金銭債権は，次のいずれかの方法により表示する。
> 　① その金銭債権が属する科目ごとに，他の金銭債権と区分して記載する。
> 　② その金銭債権が属する科目ごとに，又は2以上の科目について一括して，注記する。
> (4) 取締役等に対する金銭債権
> 　取締役，監査役等に対する金銭債権は，その総額を注記する。
> (5) 受取手形割引額等
> 　受取手形割引額及び受取手形譲渡額は，それぞれ注記する。

I　貸借対照表上の表示

　ここでは，営業上の債権及び営業上の債権以外の債権についての原則的な取扱いが示されています。

　中小企業では，支配株主及び子会社に対する金銭債権をディスクローズすることについて消極的である場合が多いと思われます。支配株主又は子会社に対する金銭債権で，流動資産の部で表示されるものは，区分表示か注記が必要となります。

　注記について，中小企業の実務では，受取手形割引額及び受取手形譲渡額については，比較的多くの場合，注記されていると思われます。しかし，取締役，監査役等に対する金銭債権についても，今後，その総額を注記することが求められます。

Ⅱ 注記の例示
SECTION 2 実務編を参照してください。

5 デリバティブ

> 16. デリバティブ
> 　デリバティブ取引により生じる正味の債権及び債務は，時価をもって貸借対照表価額とし，評価差額は，当期の損益として処理する。ただし，ヘッジ目的でデリバティブ取引を行った場合，ヘッジ対象資産に譲渡等の事実がなく，かつ，そのデリバティブ取引がヘッジ対象資産に係る損失発生のヘッジに有効である限り，損益の繰延べが認められる。

Ⅰ デリバティブ取引

　デリバティブとは，金融商品の価格変動のリスクを回避（ヘッジ）すること等を目的とした金融商品全般のことをいい（このことから，金融派生商品などといわれます），先物取引，先渡取引，オプション取引，スワップ取引等が該当します。

　デリバティブ取引により生じる正味の債権及び債務は，時価で評価します。

Ⅱ ヘッジ会計

　本指針は，ヘッジ目的でデリバティブ取引を行った場合，ヘッジ対象資産に譲渡等の事実がなく，かつ，そのデリバティブ取引がヘッジ対象資産に係る損失発生のヘッジに有効である限り，損益の繰延べが認められることを示しています。

　中小企業の実務で登場するデリバティブ取引は，融資取引の一環として行われるものであり，損益の繰延べが認められるものがほとんどであると思われます。また，したがって，本指針は，デリバティブ取引の処理については留意的

に示すにとどめています。

　ヘッジ会計の方法には，次の2つの方法があります。

繰延ヘッジ （原　則）	時価評価する「ヘッジ手段」に係る損益の計上を「ヘッジ対象」に係る損益が認識されるまで資産又は負債として繰り延べる方法
時価ヘッジ （例　外）	「ヘッジ対象」である資産又は負債に係る評価損益を計上することに合わせて，「ヘッジ手段」に係る損益も同一の会計期間で時価評価する方法

　会計上，時価ヘッジは，ヘッジ対象が「その他有価証券」の場合のみ認められています（金融商品会計に関する実務指針185後段）。

　また，法人税法上は，時価ヘッジの対象資産は，「売買目的外有価証券」に限定されています（法法61の7）。税法上，有価証券は，①売買目的有価証券，②満期保有目的有価証券，③企業支配株式等（②と③を合わせて「満期保有目的等有価証券」といいます。），④その他株式，に分類されます。そして，「売買目的外有価証券」とは②〜④が該当し，そのうち②及び③については，ヘッジ対象となることが稀であることと思われることから，会計上のヘッジ対象資産と法人税法上のヘッジ対象資産とは，多くの場合一致することになります。

Ⅲ　申告調整

　会計上デリバティブ取引が時価評価されることに合わせて，法人税法上でもデリバティブの評価損益を益金または損金の額に算入するという取扱いになっています（法法61の5①）。

　また，上記のとおり，ヘッジ会計を適用している場合，会計上と法人税法上の取扱いは多くの場合一致します。したがって，申告調整を要する事例は，少ないと思われます。

【関連項目】
商法施行規則第30条，第53条～第55条，第70条～第71条，第75条
金融商品に係る会計基準　第三・一，四
法人税法第61条の5，第61条の6

3 貸倒損失・貸倒引当金

貸倒損失・貸倒引当金

> **要 点**
> ➤ 法的に債権が消滅した場合のほか，回収不能な債権がある場合は，その金額を貸倒損失として計上し，債権金額から控除しなければならない。
> ➤ 貸倒引当金は，以下のように扱う。
>   (1) 金銭債権について，取立不能のおそれがある場合には，取立不能見込額を貸倒引当金として計上しなければならない。
>   (2) 取立不能見込額については，債権の区分に応じて算定する。財政状態に重大な問題が生じている債務者に対する金銭債権については，個別の債権ごとに評価する。
>   (3) 財政状態に重大な問題が生じていない債務者に対する金銭債権に対する取立不能見込額は，それらの債権を一括して又は債権の種類ごとに，過去の貸倒実績率等合理的な基準により算定する。
>   (4) 法人税法における貸倒引当金の繰入限度額相当額が取立不能見込額を明らかに下回っている場合を除き，その繰入限度額相当額を貸倒引当金に計上することができる。

1 貸倒損失 » P.205, CASE⑥ CASE⑦ CASE⑩

17. 貸倒損失
    (1) 「法的に債権が消滅した場合」とは，会社更生法による更生計画又は民事再生法による再生計画の認可が決定されたことにより債権の一

部が切り捨てられることとなった場合等が該当する。また,「回収不能な債権がある場合」とは,債務者の財政状態及び支払能力から見て債権の全額が回収できないことが明らかである場合をいう。
(2) 損益計算書上は次のとおり表示する。
① 営業上の取引に基づいて発生した債権に対するもの…販売費
② ①,③以外のもの……………………………………営業外費用
③ 臨時かつ巨額のもの…………………………………特別損失

I 「法的に債権が消滅した場合」の意義

債権が消滅した場合の具体例としては,次のようなものがあります。
① 債権につき,現金預金等で決済された。
② 債権につき,現金預金等を対価として譲渡した。
③ 会社更生法による更生計画又は民事再生法による再生計画の認可が決定されたことにより債権の一部が切り捨てられることとなった。

上記①②については当然のことですから,本指針の「法的に債権が消滅した場合」は,③の場合についてのみ示しています。

法人税法上の取扱いは,法人税基本通達9-6-1が詳細に示しています。

「(金銭債権の全部又は一部の切捨てをした場合の貸倒れ)

9-6-1 法人の有する金銭債権について次に掲げる事実が発生した場合には,その金銭債権の額のうち次に掲げる金額は,その事実の発生した日の属する事業年度において貸倒れとして損金の額に算入する。

(1) 会社更生法若しくは金融機関等の更生手続の特例等に関する法律の規定による更生計画の認可の決定又は民事再生法の規定による再生計画の認可の決定があった場合において,これらの決定により切り捨てられることとなった部分の金額

(2) 商法の規定による特別清算に係る協定の認可又は整理計画の決定があった場合において,これらの決定により切り捨てられることとなった

部分の金額
(3) 法令の規定による整理手続によらない関係者の協議決定で次に掲げるものにより切り捨てられることとなった部分の金額
　イ　債権者集会の協議決定で合理的な基準により債務者の負債整理を定めているもの
　ロ　行政機関又は金融機関その他の第三者のあっせんによる当事者間の協議により締結された契約でその内容がイに準ずるもの
(4) 債務者の債務超過の状態が相当期間継続し，その金銭債権の弁済を受けることができないと認められる場合において，その債務者に対し書面により明らかにされた債務免除額」

「法的に債権が消滅した場合」は，会計上の損失の計上と法人税法上の損金の額への算入とは，原則として一致します。ただし，法人税基本通達9－6－1(4)に基づいて貸倒損失を計上した場合については，法人税法上の寄附金等として取り扱われることもあり，債務免除額の全額が直ちに貸倒損失として損金の額に算入されるとは限りませんので注意が必要です。その場合には，法人税法上の調整が必要となります。

Ⅱ　「回収不能な債権がある場合」の意義

「回収不能な債権がある場合」とは，債務者の財政状態及び支払能力から見て債権の全額が回収できないことが明らかである場合をいいます。債権が法的に消滅していなくても，実質的に回収することができない場合には，貸倒損失を計上しなければなりません。

法人税法上の取扱いは，法人税基本通達9－6－2及び同9－6－3が詳細に示しています。

「(回収不能の金銭債権の貸倒れ)
　9－6－2　法人の有する金銭債権につき，その債務者の資産状況，支払能力等からみてその全額が回収できないことが明らかになった場合には，その明らかになった事業年度において貸倒れとして損金経理をすることがで

きる。この場合において，当該金銭債権について担保物があるときは，その担保物を処分した後でなければ貸倒れとして損金経理をすることはできないものとする。
(注) 保証債務は，現実にこれを履行した後でなければ貸倒れの対象にすることはできないことに留意する。

（一定期間取引停止後弁済がない場合等の貸倒れ）
9－6－3　債務者について次に掲げる事実が発生した場合には，その債務者に対して有する売掛債権（売掛金，未収請負金その他これらに準ずる債権をいい，貸付金その他これに準ずる債権を含まない。以下9－6－3において同じ。）について法人が当該売掛債権の額から備忘価額を控除した残額を貸倒れとして損金経理をしたときは，これを認める。
(1)　債務者との取引を停止した時（最後の弁済期又は最後の弁済の時が当該停止をした時以後である場合には，これらのうち最も遅い時）以後1年以上経過した場合（当該売掛債権について担保物のある場合を除く。）
(2)　法人が同一地域の債務者について有する当該売掛債権の総額がその取立てのために要する旅費その他の費用に満たない場合において，当該債務者に対し支払を督促したにもかかわらず弁済がないとき
(注)　(1)の取引の停止は，継続的な取引を行っていた債務者につきその資産状況，支払能力等が悪化したためその後の取引を停止するに至った場合をいうのであるから，例えば不動産取引のようにたまたま取引を行った債務者に対して有する当該取引に係る売掛債権については，この取扱いの適用はない。」

Ⅲ　損益計算書の表示

財務諸表規則・同ガイドライン第87条及び第93条は，通常の取引に基づいて発生した債権に対する貸倒引当金繰入額及び貸倒損失は，異常なものを除き販売費として掲記しなければならないとし，営業外費用に属する費用の例示として，貸倒引当金繰入額及び貸倒損失（販売費として掲記されるものを除く）としています。また，通常の取引以外の取引に基づいて発生した債権に対する貸倒引当金繰入額及び貸倒損失であってもその金額が僅少な場合は，販売費に含めて

記載することができるとしています。

これらの規定及び実務上広く行われている表示方法を勘案して，本指針は，①営業上の債権，②臨時巨額のもの，③それら以外のものに3区分することとしました。

営業上の取引に基づいて発生した債権に対する貸倒損失であっても，「臨時かつ巨額のもの」である場合は，特別損失の部に表示することとなります。

また，営業上の取引以外の債権に係る貸倒損失は，営業外費用の部に表示することになります。本指針は明示していませんが，金額が僅少である場合は，重要性の原則の適用により販売費とすることも認められます。

② 貸倒引当金　» P. 206，CASE 8　CASE 9　CASE 10

18．貸倒引当金
(1) 金銭債権について取立不能のおそれがある場合には，その取立不能見込額を貸倒引当金として計上しなければならない。
(2) 「取立不能のおそれがある場合」とは，債務者の財政状態，取立のための費用及び手続の困難さ等を総合し，社会通念に従って判断したときに回収不能のおそれがある場合をいう。
(3) 取立不能見込額は，債務者の財政状態及び経営成績に応じて次のように区分し，算定する。

区　分	定　義	算　定　方　法
一般債権	経営状態に重大な問題が生じていない債務者に対する債権	債権全体又は同種・同類の債権ごとに，債権の状況に応じて求めた過去の貸倒実績率等の合理的な基準により算定する（貸倒実績率法）。
貸倒懸念債権	経営破綻の状態には至っていないが，債務の弁済に重大な問題	原則として，債権金額から担保の処分見込額及び保証による回

	が生じているか又は生じる可能性の高い債務者に対する債権	収見込額を減額し，その残額について債務者の財政状態及び経営成績を考慮して算定する。
破産更生債権等	経営破綻又は実質的に経営破綻に陥っている債務者に対する債権	債権金額から担保の処分見込額及び保証による回収見込額を減額し，その残額を取立不能額とする。

なお，本指針においては，次に掲げる法人税法の区分に基づいて算定される貸倒引当金繰入限度額が明らかに取立不能見込額に満たない場合を除き，繰入限度額相当額をもって貸倒引当金とすることができる。

区　分	定　　義	繰　入　限　度　額
一括評価金銭債権	個別評価金銭債権以外の金銭債権	債権金額に過去３年間の貸倒実績率又は法人税法に規定する法定繰入率を乗じた金額
個別評価金銭債権	更生計画の認可決定により５年を超えて賦払いにより弁済される等の法律による長期棚上げ債権	債権金額のうち５年を超えて弁済される部分の金額（担保権の実行その他により取立て等の見込みがあると認められる部分の金額を除く）
	債務超過が１年以上継続し事業好転の見通しのない場合等の回収不能債権	債権金額（担保権の実行その他により取立て等の見込みがあると認められる部分の金額を除く）
	破産申立て，更生手続等の開始申立てや手形取引停止処分があった場合等における金銭債権	債権金額（実質的に債権と見られない部分の金額及び担保権の実行，金融機関等による保証債務の履行その他により取立て等の見込みがあると認められる部分の金額を除く）の50％相当額

(4) 貸借対照表上の表示

　　貸倒引当金は，原則として対象となった各科目ごとに控除形式で表

示する。

　　ただし，流動資産又は投資その他の資産から一括して控除形式で表示する方法，又は対象となった科目から直接控除して注記する方法によることもできる。

(5) 損益計算書上の表示

貸倒引当金の繰入，戻入（取崩）は債権の区分ごとに行う。当期に直接償却により債権額と相殺した後，貸倒引当金に期末残高があるときは，これを当期繰入額と相殺し，繰入額の方が多い場合は，その差額を貸倒引当金繰入額として，次のとおり表示する。

① 営業上の取引に基づいて発生した債権に対するもの…販売費
② ①，③以外のもの………………………………………営業外費用
③ 臨時かつ巨額のもの……………………………………特別損失

　また，取崩額の方が多い場合は，その取崩差額を特別利益に計上する。なお，繰入及び戻入については，実務上，いわゆる洗替方式による処理が行われていることが少なくないが，上記の取扱いにより表示されることに留意する。

Ⅰ　取立不能見込額の意義

中小企業の場合は，「貸倒れによる損失の見込額」（法法52②），「取立等の見込みがないと認められる場合」（法令96②）及び「回収不能」（法基通11－2－3）といった表現に慣れていることから，本指針では「取立不能見込額」という表記にしています。会計上の用語である「貸倒見積高」（金融商品に係る会計基準第三・一）と同義です。

Ⅱ　会計上の区分に基づく貸倒引当金の計上

貸倒引当金については，金融商品に係る会計基準の区分に従うと，貸倒見積高は，①一般債権，②貸倒懸念債権，③破産更生債権等の3区分に分類して算

定することになります。

　一般債権に対する貸倒引当金について，本指針は，金融商品会計に関する実務指針110と同様に，債権全体又は同種・同類の債権ごとに，債権の状況に応じて求めた過去の貸倒実績率等合理的な基準により算定することとしています。

　法人税法上は，中小法人等は，一括評価金銭債権に係る貸倒引当金について法定繰入率と貸倒実績率の選択適用が認められていますが（措法57の9），会計上は，法人税法上の法定繰入率を用いることは，認められていませんので注意が必要です（金融商品会計に関するＱ＆ＡのＱ39参照）。

　貸倒懸念債権については，会計上，①財務内容評価法又は②キャッシュ・フロー評価法のいずれかの方法により貸倒見積額を算定することとされています（金融商品に係る会計基準第四・二・２）。

　本指針は，中小企業の実務を考慮して，割引率を算出した上で割引計算をすることとなるキャッシュ・フロー見積法については触れずに財務内容評価法を原則的な方法として示しています（金融商品会計に関する実務指針113参照）。

　破産更生債権等については，担保の処分見込額等を控除した残額の全額が取立不能見込額とする点が，法人税法上の取扱い（取立不能見込額として計上するのは，50％相当額）と異なっています。

Ⅲ　法人税法上の区分に基づく貸倒引当金の計上

　本指針は，中小企業における実務上の便宜を考慮して，法人税法の区分に基づいて，①一括評価金銭債権，②個別評価金銭債権に区分して算定した貸倒引当金繰入限度額を採用することを認めています。ただし，法人税法上の区分に基づいて算定した貸倒引当金繰入限度額が，会計上の区分に基づいて算定した取立不能見込額に明らかに満たない場合には，税法上の区分による繰入限度額は採用することはできません。

　「満たない」こととなる場合として，次の２例が考えられます。

　①　法人税法上の一括評価金銭債権については，法定繰入率と実績繰入率とが選択性となっていますが，貸倒実績率よりも大幅に低い法定繰入率を適

用した場合が該当します。

② 法人税法上の個別評価債権と金融商品会計基準及び実務指針における貸倒懸念債権及び破産更生債権等は定義が異なります。このことから，法人税法上の一括評価金銭債権の中には，金融商品会計基準等における貸倒懸念債権及び破産更生債権等が含まれることがあり得ます。実例としては少ないと思われますが，貸倒懸念債権及び破産更生債権等は，個別に貸倒見積高を算定すべきであり，これらに対して法定繰入率又は貸倒実績率を適用した場合が考えられます（金融商品会計に関するＱ＆ＡのＱ39参照）。

法人税法上の区分に基づいて算定した場合に，貸倒引当金とすべき金額は，「繰入限度額相当額」であり，「繰入限度額相当額以下」ではありません。繰入限度額の計算方法等については，法人税法施行令第96条及び法人税基本通達11−2−1ないし11−2−22に詳細に述べられています。

Ⅳ 貸借対照表上の表示

財務諸表規則は，次の3通りの方法を示しています（第20条及び第34条）。

---

① 各資産科目に対する控除項目として掲記する。
② 各資産科目に対する控除項目として流動資産・固定資産別に一括して掲記する。
③ 貸倒引当金を対象資産の金額から直接控除し，控除後の残高を貸借対照表に表示し，貸倒引当金は，各資産科目別又は一括して注記する。

本指針は，財務諸表規則で示されている貸倒引当金の表示方法に準じて，3通りの方法を規定しています。注記をする場合の方法については触れていませんが，科目別注記又は一括注記のいずれも認められます。

Ⅴ 貸倒引当金の繰入・繰戻（取崩）の方法

(1) 中小企業の実態

中小企業の実務においては，多くの場合，洗替方式を採用しているものと思

われます。次の通達が明らかなように，法人税法上の取扱いが，洗替方式を原則とし，特例として差額補充法を規定していることがその理由の一つであると考えられます(損金算入限度額の計算方法を規定している法人税法第52条及び法人税法施行令第96条の規定ぶり並びに貸倒引当金の損金算入に関する明細書である別表十一(一)及び十一(一の二)の構造を参照)。

「**法人税基本通達**

　　(貸倒引当金等の差額繰入れ等の特例)

　　11－1－1　法人が貸倒引当金その他法に規定する引当金につき当該事業年度の取崩額と当該事業年度の繰入額との差額を損金経理により繰り入れ又は取り崩して益金の額に算入している場合においても，確定申告書に添付する明細書にその相殺前の金額に基づく繰入れ等であることを明らかにしているときは，その相殺前の金額によりその繰入れ及び取崩しがあったものとして取り扱う。」

(2)　**洗替方式の問題点**

　しかし，洗替方式には，期間損益の適正表示の観点から問題があります。

　例えば，売掛金等に対する貸倒引当金について，洗替方式の場合，貸倒引当金繰入額は販売費となります。他方，貸倒引当金戻入益については，営業外費用と特別利益のいずれに計上しても，貸倒引当金繰入額との対応関係が認められず，損益計算書の適正表示の観点から疑問が生じます。また，貸倒引当金繰入額及び貸倒引当金戻入益を対応させるために，それぞれを営業外費用及び営業外収益としている事例もあるようですが，貸倒引当金の本質を考えると，適切な表示であるとは言えません。

(3)　**本指針の立場**

　本指針は，貸倒引当金の繰入及び戻入については，会計上の原則的な方法である差額補充方式によるべきことを明らかにしています。今後は，中小企業においても，差額補充方式による処理を行うべきです。

SECTION 1　指　針　編

【関連項目】
　　商法施行規則第30条
　　企業会計原則　第三・四，注解17
　　金融商品に係る会計基準　第四
　　会計制度委員会報告第14号「金融商品会計に関する実務指針」第122項～第125項
　　法人税法第52条

4 有価証券

有価証券

要　点
- 有価証券（株式，債券，投資信託等）は，保有目的の観点から，以下の4つに分類し，原則として，それぞれの分類に応じた評価を行う。
  (1) 売買目的有価証券
  (2) 満期保有目的の債券
  (3) 子会社株式及び関連会社株式
  (4) その他有価証券
- 有価証券は，「売買目的有価証券」に該当する場合を除き，取得原価をもって貸借対照表価額とすることができる。
  ただし，「その他有価証券」に該当する市場価格のある株式を多額に保有している場合には，当該有価証券を時価をもって貸借対照表価額とし，評価差額（税効果考慮後の額）は資本の部に計上する。
- 市場価格のある有価証券を取得原価で貸借対照表に計上する場合であっても，時価が著しく下落したときは，将来回復の見込みがある場合を除き，時価をもって貸借対照表価額とし，評価差額は特別損失に計上する。

1 有価証券の分類と会計処理の概要 » P.212, CASE 11

19. 有価証券の分類と会計処理の概要

有価証券は，保有目的等の観点から以下の4つに分類し，それぞれ次のように会計処理する。

分類		貸借対照表価額	評価差額
売買目的有価証券		時価	損益（営業外損益）
満期保有目的の債券		償却原価（取得原価）	償却原価法による差額：営業外損益
子会社株式及び関連会社株式		取得原価	該当なし
その他有価証券	市場価格あり	時価	資本の部（税効果考慮後の額）（全部資本直入法の場合）
	市場価格なし	取得原価（債券：償却原価）	該当なし（償却原価法による差額：営業外損益）

(1) 売買目的有価証券

売買目的有価証券とは，時価の変動により利益を得ることを目的として保有する有価証券をいう。売買目的有価証券については，時価をもって貸借対照表価額とし，評価差額は当期の損益（営業外損益）として処理する。

本指針においては，売買目的有価証券とその他有価証券との区分を法人税法の規定に従って分類することも認められる。法人税法の規定において，売買目的有価証券とは，短期的な価格の変動を利用して利益を得る目的で取得した有価証券（企業支配株式を除く。）であって，以下に掲げるものとされている。

① 専担者売買有価証券（会社がトレーディング目的の専門部署を設置している場合に，その目的のために取得した有価証券）

② 短期売買有価証券（短期売買目的で取得したものである旨を帳簿書類に

記載した有価証券）
　③　金銭の信託に属する有価証券（金銭の信託のうち信託財産として短期売買目的の有価証券を取得する旨を他の金銭の信託と区分して帳簿書類に記載したもの）
(2)　満期保有目的の債券
　満期保有目的の債券とは，満期まで保有することを目的としていると認められる社債その他の債券をいう。満期保有目的の債券については，取得価額をもって貸借対照表価額とする。ただし，取得価額と債券金額の差額が金利の調整と認められるときは，償却原価法により処理する。
(3)　子会社株式及び関連会社株式
　子会社株式及び関連会社株式については，取得原価をもって貸借対照表価額とする。
(4)　その他有価証券
　その他有価証券とは，売買目的有価証券，満期保有目的の債券，子会社株式及び関連会社株式以外の有価証券をいう。
　その他有価証券については，時価をもって貸借対照表価額とし，評価差額（税効果考慮後の額）は洗替方式に基づき，全部資本直入法又は部分資本直入法により処理する。ただし，市場価格のあるその他有価証券を保有していても，それが多額でない場合には，取得原価をもって貸借対照表価額とすることもできる。
　市場価格のない有価証券は，取得原価をもって貸借対照表価額とする。ただし，債券について，取得価額と債券金額との差額の性格が金利の調整と認められるときは，償却原価法に基づいて算定された価額をもって貸借対照表価額とする。

Ⅰ 有価証券の意義と分類

(1) 会計上の有価証券

　会計上の有価証券は，国債証券，地方債証券，社債券，株券，投資信託の受益証券，貸付信託の受益証券等が該当します（証券取引法2①）。コマーシャル・ペーパー（CP）は，優良企業が短期資金の調達を目的として発行する無担保の「約束手形」ですが，有価証券として取り扱われます（同2①八）。

　証券取引法に定義する有価証券以外のもので，証券取引法上の有価証券に準じて時価評価，取得原価又は償却原価法による処理を行うことが適当と認められるものについては，有価証券に準じて取り扱われます。これに該当するものとして国内譲渡性預金（国内CD）があります（金融商品会計に関する実務指針58）。譲渡性預金とは，金融機関が発行する期日指定方式の譲渡性預金で，譲渡可能な「預金」をいいますが，その流通形態等に着目して有価証券として取り扱うことが原則とされています（第23項(1)参照）。

(2) 法人税法上の有価証券

　法人税法上の有価証券は，上記証券取引法上の有価証券の他，法人税固有のものが定められています。具体的には，法人税法固有の有価証券には，合名会社，合資会社又は有限会社の社員持分等があり，一般的に市場で流通していないものが該当します（法法2二十一，法令11）。法人税法が市場で流通していないものも有価証券としているのは，課税所得の計算上，取得価額等を算定する必要があるからであるとされています。

(3) 本指針の立場

　本指針は，会計上の分類を基礎として区分し，適宜，法人税法上の取扱いを認めることとしています。

　会計上と法人税法上の有価証券の分類は，いくつかの相違がありますが，概ね一致しています。そして，本指針は，中小企業が保有する有価証券の大半について，「取得原価をもって貸借対照表価額とする」こととなる「その他有価証券」として取り扱うことが可能となるような規定ぶりとなっています。以下，主な相違点を中心に説明します。

Ⅱ 売買目的有価証券

会計上,次の2つの要件を満たすものが売買目的有価証券として取り扱われます。ただし,これらの要件を満たさなくても,有価証券の売買を「頻繁に繰り返している場合」は,売買目的有価証券に該当することになります(金融商品会計に関する実務指針65)。

① 定款上,有価証券の売買を業としていること
② トレーディング業務の専門部署を有すること

法人税法上の売買目的有価証券の定義は,本指針で明らかにしています。中小企業の場合,トレーディング目的の専門部署を設置している場合は稀であると思われますし,帳簿書類に短期売買目的で取得したものである旨を記載しない場合は,売買目的有価証券にはなりません(法令119の12,法基通2-3-26~2-3-28)。

本指針は,中小企業の事務負担の軽減を図るために,会計上の売買目的有価証券に該当するものであっても,トレーディング目的の専門部署がなく,上記の帳簿書類への記載を行わない場合は,法人税法上の規定に従って,その他有価証券として取り扱うことができるようにしています。

Ⅲ 満期保有目的の債権

会計上,満期保有目的の債権とは,あらかじめ償還日が定められており,かつ,額面金額による償還が予定されている債権のことをいいます(金融商品会計に関する実務指針68)。

法人税法上は,償還期限の定めのある有価証券のうち,その償還期限まで保有する目的で取得し,かつ,取得の日においてその旨を帳簿に記載しているものを「満期保有目的有価証券」として取り扱います(法法61の3②)。法人税法上,有価証券の評価方法に関して,償却有価証券については償却原価法によることが規定されています。償却有価証券とは,法人が事業年度末に有する売買目的外有価証券(転換社債を除きます)で,償却期限及び償還金額の定めのある

ものをいいます（法法61の3①二，法令119の14，法基通2－1－33）。法人税法上の償却有価証券は，会計上の満期保有目的の債権と概ね一致しますが，満期まで保有することが要件とされていませんので，その他有価証券（市場価格なし）に該当することもありますので，注意が必要です。

償却原価法とは，債権又は債券を債権金額又は債券金額より低い価額又は高い価額で取得した場合において，その差額に相当する金額を弁済期又は償還期に至るまで毎期一定の方法で貸借対照表価額に加減する方法をいいます。なお，この場合には，その加減額を受取利息に含めて処理します（金融商品会計基準注解（注5））。この場合の算定方法は，利息法を原則とし，継続適用を条件に定額法も採用することができます（金融商品会計に関する実務指針70，具体的な計算例については第12項参照）。

Ⅳ 子会社株式及び関連会社株式

商法上，子会社とは，親会社によって議決権の過半数を保有されている会社のことをいいます（商法211ノ2）。法人税法は，商法の規定を借用しています。

会計上，子会社及び関連会社は，議決権の保有割合のみならず実質的な支配力があるか，又は重要な影響を与えることができるかにより定義しています（財規8）。例えば，議決権が50％以下の場合であっても，子会社に該当することがあります。

法人税法上，法人の特殊関係株主等がその法人の発行済株式の総数等の20％以上を有する場合のその特殊関係株主等の有する法人の株式等を「企業支配株式等」として取り扱います（法令119の2②二）。

Ⅴ その他有価証券

市場価格のあるその他有価証券は，時価で評価します。そして，評価差額（税効果考慮後の金額）は，洗替方式に基づいて，資本の部に，「株式等評価差額金」として計上します（第69項，「計算書類（貸借対照表・損益計算書）の例示」を参照）。

資本の部への計上方法には，全部資本直入法と部分資本直入法があります。
① 全部資本直入法
　　全部資本直入法とは，評価差額の合計額（評価益及び評価損）を資本の部に直接計上する方法をいいます。この方式が原則的な処理方式であり，この方式によりますと，評価差額については，評価益も評価損も当期の損益に影響しません。
② 部分資本直入法
　　部分資本直入法とは，評価差益については「株式等評価差額金」として資本の部に計上し，評価差損については損益計算書に当期の損失として計上する方法をいいます。

市場価格のない有価証券は，原則として取得価額をもって貸借対照表価額とします。

② 有価証券の取得原価及び評価方法

> 20．有価証券の取得原価
> 　　有価証券の取得時における付随費用（支払手数料等）は，取得した有価証券の取得原価に含める。なお，期末に保有している有価証券を時価評価する場合，その時価には取得又は売却に要する付随費用を含めない。

> 21．有価証券の評価方法
> 　　取得原価の評価方法は，移動平均法又は総平均法による。

Ⅰ　有価証券の取得価額

　会計上，有価証券の取得価額は，原則として購入代価に手数料等の付随費用を加算し，これに平均原価法等の方法を適用して算定した取得原価をもって貸借対照表価額とします（企業会計原則第三・五・B）。

法人税法上，購入した有価証券については，その購入の代価（購入手数料その他その有価証券の購入のために要した費用がある場合にはその費用の額を加算した金額とする）としています。これ以外に，①金銭の払込みにより取得をした有価証券，②株式交換又は株式移転により受け入れた有価証券，③合併により交付を受けた当該合併法人の株式，その他取得の形態に応じた詳細な規定があります（法令119①）。購入した有価証券の場合は，会計上の処理と一致します。それ以外の取得形態の場合は，法人税法上の規定が参考になるものと思われます。

　期末時点で保有している有価証券を時価評価する場合，会計上も法人税法上もその時価には取得又は売却に要する付随費用を含めません（金融商品会計に関する実務指針56，法令119の13）。

Ⅱ　有価証券の評価方法

　会計上，取得価額，取得原価及び帳簿価額等について定義がされていますが（金融商品会計に関する実務指針57），ここでの有価証券の評価方法とは，取得原価（本指針の第20項）を基に1単位当たりの帳簿価額を算定するための方法をいいます。そして，有価証券は，平均原価法等の方法を適用して算定した取得原価をもって貸借対照表価額とします（企業会計原則第三・五・B）。

　法人税法上，有価証券の1単位当たりの帳簿価額の算出の方法には，移動平均法及び総平均法があります。評価方法の「選定」をする場合には，有価証券の取得をした日の属する事業年度の確定申告書の提出期限までに，納税地の所轄税務署長に所定の手続をしなければなりません。選定の届出を行わなかった場合には，移動平均法が法定評価方法となります。また，選定した方法を変更しようとする場合は，新たな評価方法を採用しようとする事業年度開始の日の前日までに届け出なければなりませんので，注意が必要です（法令119の2，119の5～119の7）。

3 有価証券の減損 » P.215, CASE 12 CASE 13

22. 有価証券の減損

　有価証券の減損処理については，商法上，強制適用されることに留意する。

(1) 市場価格のある有価証券の減損処理

　満期保有目的の債券，子会社株式及び関連会社株式並びにその他有価証券のうち市場価格のあるものについて，時価が著しく下落したときは，回復する見込みがあると認められる場合を除き，時価をもって貸借対照表価額とし，評価差額は当期の損失として処理しなければならない。

　市場価格のある有価証券の時価が「著しく下落した」ときとは，少なくとも個々の銘柄の有価証券の時価が，取得原価に比べて50％程度以上下落した場合をいう。この場合には，合理的な反証がない限り，時価が取得原価まで回復する見込みがあるとは認められないため，減損処理を行わなければならない。

(2) 市場価格のない有価証券の減損処理

　市場価格のない株式について，発行会社の財政状態の悪化により実質価額が著しく低下したときは，相当の減額を行い，評価差額は当期の損失として処理しなければならない。

　市場価格のない株式の実質価額が「著しく低下したとき」とは，少なくとも株式の実質価額が取得原価に比べて50％程度以上低下した場合をいう。ただし，市場価格のない株式の実質価額について，回復可能性が十分な証拠によって裏付けられる場合には，期末において相当の減額をしないことも認められる。

　なお，有価証券の減損処理を行った場合には，当該時価（(1)の場合）又は実質価額（(2)の場合）を翌期首の取得原価とする。

> 有価証券の減損処理について,法人税法に定める処理に拠った場合と比べて重要な差異がないと見込まれるときは,法人税法の取扱いに従うことが認められる。

I 会計上の減損

本指針は,金融商品に係る会計基準第三・二・6及び金融商品会計に関する実務指針91・92を基に作成しています。

本指針は明示していませんが,第22項(1)以外の場合には,状況に応じ個々の企業において時価が「著しく下落した」と判断するための合理的な基準を設けることによって回復可能性の判定をすることも認められます。また,個々の銘柄の有価証券の時価の下落率がおおむね30%未満である場合は,一般的には「著しく下落した」ときに該当しないものとされています。

II 法人税法上の評価損

次の事実がある場合には,有価証券の評価損を計上することができます。ただし,損金経理により帳簿価額を減額した場合にのみ認められ,申告調整による場合は認められないことに注意が必要です(法法33②,法令68①二,法基通9－1－7,9－1－9)。次の事実に該当しない場合において,有価証券の減損処理をした場合は,申告調整が必要です。

① 上場株式等(企業支配株式以外)について,有価証券の価額が著しく低下したこと(期末の時価が帳簿価額のおおむね50%相当額を下回り,かつ,近い将来その価額の回復が見込まれないことをいいます)
② 上場株式以外の有価証券及び企業支配株式について,その有価証券を発行する法人の資産状態が著しく悪化したため,その価額が著しく低下した場合(発行法人の期末の1株当たりの純資産価額が,取得時の1株当たりの純資産価額に比しておおむね50%以上下回ることをいいます)

> ③ 会社更生法の規定に基づく更生手続の開始決定等により有価証券について評価換えをする必要が生じたこと

　本指針は、会計上の処理と法人税法上の処理に重要な差異がないと見込まれるときは、法人税法の取扱いに従うことが認められるとして、中小企業に配慮をしています。なお、いずれの処理によった場合でも、切り放し法により処理されますので、翌期に取得価額を元に戻すことはありません。

4 表　示

> 23. 貸借対照表上の表示
> 　売買目的有価証券及び決算日後1年以内に満期の到来する社債その他の債券は流動資産に属するものとし、それ以外の有価証券は、投資その他の資産に属するものとする。
> 　例えば、売買目的有価証券以外に流動資産の有価証券に含まれるものの例としては次のものがある。
> (1) 1年以内に満期が到来するＣＤ（国内ＣＤは預金表示も可能）及びコマーシャル・ペーパー
> (2) 契約型投信及び貸付信託のうち以下のもの
> 　① 1年以内に償還されるもの
> 　② 預金と同様の性格を有するもの（ＭＭＦ，ＭＲＦ，中期国債ファンド，信託銀行が一般顧客に一律の条件で発行する貸付信託の受益証券等）
> 　したがって、保有する株式がその他有価証券に該当する場合には、投資有価証券（固定資産）として記載する。

24. 損益計算書上の表示

有価証券の売却損益の損益計算書上の表示区分は，次のようになる。

有価証券の分類	売却損益の表示区分等
売買目的有価証券	営業外損益（売却益と売却損は相殺する。）
子会社株式及び関連会社株式	特別損益（売却益と売却損は相殺しない。）
その他有価証券	臨時的なもの……特別損益 （業務上の関係を有する株式の売却等） それ以外…………営業外損益 （市場動向の推移をみながら売却することを目的として取得したもの（純投資目的）等）

Ⅰ 貸借対照表上の表示及び損益計算書上の表示

本指針は，貸借対照表及び損益計算書における表示について，原則的な取扱いを示しています。

「計算書類の注記」及び「計算書類（貸借対照表・損益計算書）の例示」の箇所に該当する記述があります。

Ⅱ その他

本指針は明示していませんが，有価証券の保有目的区分の変更について，恣意的な利益操作を排除するために，会計上は区分変更が認められる場合及び認められない場合について，法人税法上はみなし譲渡について，それぞれ規定が設けられています（金融商品会計に関する実務指針80～90，法令119の11）。会計上と法人税法上の処理が一致しない場合は，申告調整が必要です。ただし，中小企業の場合は，実務上少ないと思われます。

【関連項目】

商法施行規則第28条第1項，第32条第2項，第3項

金融商品に係る会計基準　第三・二

会計制度委員会報告第14号「金融商品会計に関する実務指針」第47項～第96項

法人税法第61条の3第1項第1号

法人税法施行令第119条の12

5 棚卸資産

棚卸資産

要　点
- 棚卸資産の取得原価は，購入代価又は製造原価に引取費用等の付随費用を加算する。ただし，少額な付随費用は取得原価に加算しないことができる。
- 棚卸資産の評価基準は，原価法又は低価法を用いる。
- 棚卸資産の評価方法は，個別法，先入先出法，後入先出法，総平均法，移動平均法，売価還元法等，一般に認められる方法とする。なお，最終仕入原価法も，期間損益の計算上著しい弊害がない場合には，用いることができる。
- 原価法を採用した場合において，棚卸資産の時価が取得価額より著しく低いときは，将来回復の見込みがある場合を除き，時価で評価しなければならない。

1 棚卸資産の範囲

25. 棚卸資産の範囲
　　棚卸資産とは，商品又は製品（副産物及び作業くずを含む。），半製品，仕掛品（半成工事を含む。），主要原材料，補助原材料，消耗品で貯蔵中のもの，その他これらに準ずるものをいう。

I　会計上の棚卸資産

　企業会計原則には,「商品, 製品, 半製品, 原材料, 仕掛品等のたな卸資産」（企業会計原則第三・五・A）とあります。

　連続意見書第四「棚卸資産の評価について」は, 棚卸資産として次のものを掲記しています。

「(イ)　通常の営業過程において販売するために保有する財貨又は用役

　(ロ)　販売を目的として現に製造中の財貨又は用役

　(ハ)　販売目的の財貨又は用役を生産するために短期間に消費されるべき財貨

　(ニ)　販売活動及び一般管理活動において短期間に消費されるべき財貨」

　(イ)は商品, 製品等, (ロ)は仕掛品, 半製品等, (ハ)は原材料等, (ニ)は事務用消耗品等が想定されます。

　法人税法は, 次に掲げる資産を棚卸資産としています（法令10）。

「一　商品又は製品（副産物及び作業くずを含む。）

　二　半製品

　三　仕掛品（半成工事を含む。）

　四　主要原材料

　五　補助原材料

　六　消耗品で貯蔵中のもの

　七　前各号に掲げる資産に準ずるもの」

　棚卸資産の範囲については, 会計と税法の差は実質的に存在しません。本指針は, 会計上の規定を原則としつつ, より具体的に規定している法人税法施行令の規定に則した書きぶりとなっています。

② 棚卸資産の取得価額

> 26. 棚卸資産の取得価額
> 　(1) 取得価額
> 　　棚卸資産の取得原価は，次のとおりとする。
> 　① 購入した棚卸資産
> 　　その資産の購入の代価（引取運賃，荷役費，運送保険料，購入手数料，関税その他購入のために要した費用がある場合には，その費用の額を加算した金額）とその資産を消費し又は販売の用に供するために直接要した費用の額の合計額
> 　② 自己の製造等に係る棚卸資産
> 　　その資産の製造等のために要した原材料費，労務費，及び経費の額とその資産を消費し又は販売の用に供するために直接要した費用の額の合計額
> 　③ 上記以外の方法により取得をした棚卸資産
> 　　その取得の時におけるその資産の取得のために通常要する価額とその資産を消費し又は販売の用に供するために直接要した費用の額の合計額
> 　(2) 少額の付随費用
> 　　整理，選別，手入れ等に要した費用の額その他一定の費用の額で少額の付随費用等は，取得価額に算入しないことができる。

I　棚卸資産の取得原価

　商法施行規則第28条は「流動資産については，その取得価額又は製作価額を付さなければならない。」と簡潔に規定しています。

　会計基準は，棚卸資産の評価方法等については規定していますが，取得価額については直接的に言及していません。

法人税法は，①購入した棚卸資産，②自己の製造等した棚卸資産，及び③その他の方法により取得した棚卸資産に区分して，それぞれの取得価額の算定方法を詳細に規定しています（法令32①）。

棚卸資産の取得価額についても，会計と税法の差は実質的に存在しません。本指針は，会計上の規定を原則としつつ，より詳細に規定している法人税法施行令の規定を参考に作成されています。

Ⅱ　少額の付随費用

企業会計原則は，注解（注1）の「重要性の原則の適用について」において，「棚卸資産の取得原価に含められる引取費用，関税，買入事務費，移管費，保管費等の付随費用のうち，重要性の乏しいものについては，取得原価に算入しないことができる。」と簡潔に示しています。

法人税基本通達5－1－1は，次のように示しています。

「**(購入した棚卸資産の取得価額)**

5－1－1　購入した棚卸資産の取得価額には，その購入の代価のほか，これを消費し又は販売の用に供するために直接要したすべての費用の額が含まれるのであるが，次に掲げる費用については，これらの費用の額の合計額が少額（当該棚卸資産の購入の代価のおおむね3％以内の金額）である場合には，その取得価額に算入しないことができるものとする。

(1)　買入事務，検収，整理，選別，手入れ等に要した費用の額

(2)　販売所等から販売所等へ移管するために要した運賃，荷造費等の費用の額

(3)　特別の時期に販売するなどのため，長期にわたって保管するために要した費用の額

　(注)1　(1)から(3)までに掲げる費用の額の合計額が少額かどうかについては，事業年度ごとに，かつ，種類等を同じくする棚卸資産（事業所別に異なる評価方法を選定している場合には，事業所ごとの種類等を同じくする棚卸資産とする。）ごとに判定することができる。

　　　2　棚卸資産を保管するために要した費用（保険料を含む。）のうち(3)に掲げ

るもの以外のものの額は，その取得価額に算入しないことができる。」

本指針は，実質的には，この通達を要約したものといえます。「少額」の判定については，棚卸資産の購入代価の概ね3％以内であるか否かで判定して支障はありません。

また，本指針では，触れていませんが，中小企業の実務においては，次の通達も参考になると思われます。

「(棚卸資産の取得価額に算入しないことができる費用)

5－1－1の2　次に掲げるような費用の額は，たとえ棚卸資産の取得又は保有に関連して支出するものであっても，その取得価額に算入しないことができる。

⑴　不動産取得税の額

⑵　地価税の額

⑶　固定資産税及び都市計画税の額

⑷　特別土地保有税の額

⑸　登録免許税その他登記又は登録のために要する費用の額

⑹　借入金の利子の額」

③ 棚卸資産の評価 » P.217, CASE 14　CASE 15

27. 棚卸資産の評価基準

棚卸資産は，原価法又は低価法により評価し，原則として継続適用する。

低価法とは，期末棚卸資産をその種類等の異なるごとに区別し，その種類等の同じものについて，選択した評価方法に基づき算出した取得価額による原価法により評価した価額と事業年度末における時価とのうちいずれか低い価額をもってその評価額とする方法をいう。この場合における時価とは，原則として正味実現可能価額（現在の売価から売却に要す

る費用を控除した金額)とするが,再調達価額(事業年度末におけるその取得のために通常要する価額)等によることもできる。

28. 棚卸資産の評価方法
棚卸資産の評価方法は,個別法,先入先出法,後入先出法,総平均法,移動平均法,売価還元法等,一般に認められる方法による。
なお,期間損益の計算上著しい弊害がない場合には,最終仕入原価法を用いることもできる。

I 原 則
棚卸資産の評価基準について,本指針は,棚卸資産の評価基準として原価法と低価法があること,及び評価基準は原則として継続適用することを明らかにしています。

II 棚卸資産の数量の把握
棚卸資産の数量の把握の方法として,継続記録法と棚卸計算法があります。

継続記録法	棚卸資産の入出庫の都度,商品有高帳に継続的な記録を行い,その消費数量と在庫量を把握する方法
棚卸計算法	期末に実地棚卸を行って在庫量を求める方法

本指針は,棚卸資産の数量を把握する方法については示していません。どちらの方法を選択することもできます。しかし,2つの方法を併用することにより,棚卸減耗損等を把握することができます。中小企業においてもパソコンを活用するなどの方法により継続的な在庫の管理も可能になっている場合も多いと思われます。
法人税法上,次のような通達が示されています。

SECTION 1 指針編

「(棚卸しの手続)

5－4－1 棚卸資産については各事業年度終了の時において実地棚卸しをしなければならないのであるが，法人が，その業種，業態及び棚卸資産の性質等に応じ，その実地棚卸しに代えて部分計画棚卸しその他合理的な方法により当該事業年度終了の時における棚卸資産の在高等を算定することとしている場合には，継続適用を条件としてこれを認める。」

業種，業態，取扱い商品等により異なりますが，中小企業においても，事業年度終了の時点だけではなく，内部管理を充実させる観点からも，定期的に実地棚卸をすることが望ましいと思われます。

Ⅲ 棚卸資産の評価方法

会計基準は，棚卸資産の貸借対照表価額算定のための方法として，①個別法，②先入先出法，③後入先出法，④総平均法，⑤移動平均法，⑥売価還元原価法を示しています（企業会計原則注解（注21））。

会計上，棚卸資産の評価方法には，最終仕入原価法は含まれていません。

法人税法は，①個別法，②先入先出法，③後入先出法，④総平均法，⑤移動平均法，⑥単純平均法，⑦最終仕入原価法，⑧売価還元原価法を棚卸資産の評価額の計算上選定をすることのできる評価の方法としています。

このうち，単純平均法は，理論的にも疑問視されており，実務においもてほとんど採用されていません。

本指針は，会計基準の規定を原則として採用しています。ただし，法人税法が「最終仕入原価法により算出した取得価額による原価法」を法定評価法としていること（法令31①）及び中小企業の実務において広く採用されていることから，最終仕入原価法も，「期間損益の計算上著しく弊害がない場合に限り」という条件付で認められるとしています。

法人税法が最終仕入原価法を法定評価法として採用している理由として，次の2点が挙げられます。

① 他の方法と比較して簡便であること。

② インフレ基調の時代においては，未実現の収益が発生することとなり，税収確保の観点からは弊害が少ないと考えられていたこと。

しかし，最終仕入原価法は，期末棚卸資産のすべてについて，最終仕入原価で評価するため，期末評価額に恣意性を介入させることが可能となります。また，期首から期末にかけて価格が上昇傾向である場合には，未実現の収益が発生することになります。そして，連続意見書第四は，「この方法によれば，期末棚卸資産の一部だけが実際取得原価で評価され，他の部分は時価に近い価額で評価される可能性が多い。したがって無条件にこの評価方法を純然たる取得原価基準に属する方法と解することは妥当でない。期末在庫量の大部分が正常的に最終取得原価で取得されている場合にのみこの方法を取得原価基準に属する評価方法とみなすことができるのである。」と指摘しています。

本指針も，多額の評価損益が計上されるなど，期間損益の計算上著しい弊害があるような場合には，最終仕入原価法を採用することはできません。中小企業においても，正確な期間損益を算定するという立場から，可能なかぎり各企業の実態に合った評価方法を選ぶことが望ましいといえます。

本指針は，具体的に例示した方法以外の評価方法も認めています。第28項は，棚卸資産の評価方法は，「……等，一般に認められる方法による。」とあります。これは，企業会計原則注解（注21）が例示規定であることと，法人税法施行令が次のような規定を設けていることを考慮したものです。

「**（たな卸資産の特別な評価の方法）**
第28条の2　内国法人は，その有するたな卸資産の評価額を前条第1項に規定する評価の方法に代え当該評価の方法以外の評価の方法により計算することについて納税地の所轄税務署長の承認を受けた場合には，当該資産のその承認を受けた日の属する事業年度以後の各事業年度の評価額の計算については，その承認を受けた評価の方法を選定することができる。」

Ⅳ　低　価　法

本指針は，低価法の定義について明らかにし，低価法を採用する場合の時価

としては，正味実現可能価額が原則であることを明示しています。

　ここで，「原価法による評価額」と比較する「事業年度末における時価」については，①正味実現可能価額と②再調達価額の２つの時価があり，連続意見書第四においては，正味実現可能価額が望ましいとされています。棚卸資産は比較的短期間に現金又は現金等価物と交換されるべきものですから，その評価にあたっては，回収可能性に着目した正味実現可能価額の方が適していることはいうまでもありません。

　しかし，販売方法や流通経路が多様化している棚卸資産の場合は，正味実現可能価額の算定には恣意性が伴う場合も考えられます。また，法人税法では再調達価額のみが認められていることから，正味実現可能価額を採用した場合は，申告調整を行う必要が生じます。

　そこで，本指針は，棚卸資産の相場情報を入手することより簡単に「時価」を把握することが可能であるという実務に配慮して，再調達価額も採用することができることを併記しています。なお，再調達価額の採用は，「期間損益の計算上著しく弊害がない場合に限り」という条件が付されていませんので，正味実現可能価額と再調達価額とは，実質的には選択性となっています。

④　棚卸資産の評価損　» P.220, CASE 16

> **29. 棚卸資産の評価損**
> 　原価法を採用した場合において，棚卸資産の時価が取得原価より著しく低いときは，将来回復すると認められる場合を除き，時価で評価しなければならない。
> 　また，次の事実が生じた場合には，評価損を計上しなければならない。
> (1)　棚卸資産について，災害により著しく損傷したとき
> (2)　著しく陳腐化したとき
> (3)　上記に準ずる特別の事実が生じたとき

I 会計上の強制評価減

原価基準を採用している場合，時価が取得原価よりも著しく下落した場合は，回復すると認められる場合を除き，時価で評価しなければなりません（企業会計原則第三・五・A但書）。

その場合の評価損は，営業外費用又は特別損失として表示することになります（同注解（注10(1)））。

II 法人税法上の強制評価減

法人税法施行令第68条第1項は，棚卸資産について，次の事実が生じた場合には，損金経理を要件として評価損を計上することができるとしています（法法33②）。

① 当該資産が災害により著しく損傷したこと
② 当該資産が著しく陳腐化したこと
③ 内国法人について会社更生法又は金融機関等の更生手続の特例等に関する法律の規定による更生計画認可の決定があつたことによりこれらの法律の規定に従って当該資産につき評価換えをする必要が生じたこと
④ 内国法人について商法の規定による整理開始の命令があったことにより当該資産につき評価換えをする必要が生じたこと
⑤ ①から④までに準ずる特別の事実

さらに，②及び⑤については，法人税基本通達9−1−4及び9−1−5がより詳細に例示しています。

III 本指針の立場

評価損の計上要件である「棚卸資産の時価が取得原価より著しく低いとき」の割合・程度等については，商法施行規則，企業会計原則等及び法人税法のいずれにも示されていません。また，「将来回復すると認められる場合」の期間・回復の程度・可能性等についても同様です。

本指針は，会計上の原則に基づき，より詳細な法人税法の規定に基づいて，強制評価減をしなければならない場合を示していますが，個別具体的な例については特定していません。有価証券の減損の場合は，「50％程度以上下落（低下）」という割合が示されていますが，棚卸資産の場合の「著しく低い」及び「将来回復すると認められる」については，企業の取り扱っている棚卸資産の種類・市場その他の状況を勘案して個別に判断することになります。

【関連項目】

商法施行規則第28条

企業会計原則　第三・五，注解21

法人税法第29条

法人税法施行令第28条～第33条，第68条

6 経過勘定等

経過勘定等

要　点
- ➢ 前払費用及び前受収益は，当期の損益計算に含めず，未払費用及び未収収益は当期の損益計算に含めなければならない。
- ➢ 前払費用，前受収益，未払費用及び未収収益等については，重要性の乏しいものは，経過勘定項目として処理しないことができる。

1 経過勘定の意義

30. 経過勘定の定義

(1) 前払費用

　前払費用は，一定の契約に従い，継続して役務の提供を受ける場合，いまだ提供されていない役務に対して支払われた対価をいい，前払利息，前払保険料，前払家賃，前払保証料等が該当する。

　前払費用は，このような役務提供契約以外の契約等による前払金とは区別しなければならない。

(2) 前受収益

　前受収益は，一定の契約に従い，継続して役務の提供を行う場合，いまだ提供していない役務に対して支払を受けた対価をいい，前受利息，前受家賃等が該当する。

　前受収益は，このような役務提供契約以外の契約等による前受金とは区別しなければならない。

SECTION 1　指針編

> (3) 未払費用
> 　未払費用は，一定の契約に従い，継続して役務の提供を受ける場合，既に提供された役務に対していまだその対価の支払が終らないものをいい，未払利息，未払家賃，未払給料，未払社会保険料等が該当する。
> 　未払費用は，このような役務提供契約以外の契約等による未払金とは区別しなければならない。
> (4) 未収収益とは，一定の契約に従い，継続して役務の提供を行う場合，既に提供した役務に対しいまだその対価の支払を受けていないものをいい，未収利息，未収家賃等が該当する。
> 　未収収益は，このような役務提供契約以外の契約等による未収金とは区別しなければならない。

　商法上，経過勘定の規定はありませんので，本指針は，企業会計原則の規定に従って，経過勘定を定義しています（企業会計原則注解（注5））。

　中小企業の実務では，経過勘定（前払費用，前受収益，未払費用，未収収益）と未決算勘定（前払金，前受金，未払金，未収金）との区別が厳密に行われていないことが多いと思われますが，本指針は，それらを区分しなければならないことを示すとともに中小企業の実務に多く用いられるものを例示しています。特に，未払費用の例として，未払給料及び未払社会保険料等を示しているのは，通常，金額が多額になることから留意的に示すことにしたものです。

② 経過勘定等の会計処理

> 31. 経過勘定等に係る会計処理
> (1) 費用については発生したものを損益計算書に計上し，収益については実現したものを損益計算書に計上しなければならず，当期の費用及

> び収益でない前払費用及び前受収益は当期の損益計算書から除去し，当期の費用又は収益とすべき未払費用及び未収収益は当期の損益計算書に計上するための経過勘定項目として貸借対照表に計上する。
> (2) ただし，前払費用，未収収益，未払費用及び前受収益のうち，重要性の乏しいものについては，経過勘定として処理しないことができる。また，本指針においては，前払費用のうち当期末においてまだ提供を受けていない役務に対応する前払費用の額で，支払日から1年以内に提供を受ける役務に対応する金額については，継続適用を条件に費用処理することができる。
> (3) 立替金，仮払金，仮受金等の科目のうち，金額の重要なものについては，適正な科目を付して資産又は負債として計上し，また，当期の費用又は収益とすべき金額については，適正な科目に計上して費用又は収益として処理しなければならない。

　中小企業の場合も経過勘定を適切に計上することは重要であり，本指針は，このことを確認しています。ただし，重要性の乏しいものは経過勘定項目として処理しないことができることを示しています。

　また，本指針は，1年以内の短期の前払費用については，継続適用を条件に費用処理することができるとしています。これは法人税基本通達2－2－14（短期の前払費用）と同様の取扱いを認めたものです。

　立替金，仮払金，仮受金等は，経過勘定ではなく，一般的に未決算勘定と称されている科目です。中小企業の実務においてしばしば使用される科目であることから，本指針は，それらの処理について，留意的に示しています。これが，この各論のタイトルが「経過勘定等」となっている理由です。

　例えば，仮払法人税等（仮払税金）の科目は，利子等の源泉所得税の支払時や法人税等の予定納付（中間納付）に当たり，決算時まで使用・計上することが認められる科目ですが，決算時には，これらの未決算勘定は適切に振替処理又は

消込み処理等がされるべきものです。中小企業の一部には，このような仮払税金が貸借対照表に残っていたり，役員貸付金が仮払処理されたまま長期にわたり放置されている事例が見られます。金額の重要なものについては，適正な科目を付して資産又は負債として計上し，また，当期の費用又は収益とすべき金額については，適正な科目に計上して費用又は収益として処理しなければなりません。

③ 経過勘定の表示

> 32. 経過勘定の貸借対照表上の表示
>
> 経過勘定は，次のように貸借対照表に表示する。
>
> | 項　目 | 表　示　科　目 | 表　示　箇　所 |
> |---|---|---|
> | 前払費用 | 前払費用 | 流動資産 |
> | | 長期前払費用
（決算日後1年を超えて費用となる部分） | 投資その他の資産 |
> | 前受収益 | 前受収益 | 流動負債 |
> | | 長期前受収益
（決算日後1年を超えて収益となる部分） | 固定負債 |
> | 未払費用 | 未払費用 | 流動負債 |
> | 未収収益 | 未収収益 | 流動資産 |

　経過勘定の表示について示しています。長期前払費用は，投資その他の資産の部に表示されます。

④ 法人税法上の処理

　法人税法上，原則として，経過勘定については企業会計と同様に取り扱わなければなりません。しかし，経過勘定の特例として，次のような規定があります。

① 貸付金利子等の帰属の時期

「2−1−24　貸付金，預金，貯金又は有価証券（以下2−1−24において「貸付金等」という。）から生ずる利子の額は，その利子の計算期間の経過に応じ当該事業年度に係る金額を当該事業年度の益金の額に算入する。ただし，主として金融及び保険業を営む法人以外の法人が，その有する貸付金等（当該法人が金融及び保険業を兼業する場合には，当該金融及び保険業に係るものを除く。）から生ずる利子でその支払期日が1年以内の一定の期間ごとに到来するものの額につき，継続してその支払期日の属する事業年度の益金の額に算入している場合には，これを認める。(以下略)」

② 短期の前払費用

「2−2−14　前払費用（一定の契約に基づき継続的に役務の提供を受けるために支出した費用のうち当該事業年度終了の時においてまだ提供を受けていない役務に対応するものをいう。以下2−2−14において同じ。）の額は，当該事業年度の損金の額に算入されないのであるが，法人が，前払費用の額でその支払った日から1年以内に提供を受ける役務に係るものを支払った場合において，その支払った額に相当する金額を継続してその支払った日の属する事業年度の損金の額に算入しているときは，これを認める。(以下略)」

【関連項目】
　企業会計原則　第二・一，注解5

SECTION 1 指針編

7 固定資産

固定資産

> 要 点
> ➢ 固定資産の減価償却は，経営状況により任意に行うことなく，定率法，定額法その他の方法に従い，毎期継続して規則的な償却を行う。ただし，法人税法の規定による償却限度額をもって償却額とすることができる。
> ➢ 圧縮記帳は，利益処分方式により行う。ただし，国庫補助金，工事負担金等で取得した資産並びに交換，収用等及び特定の資産の買換えで交換に準ずると認められるものにより取得した資産については，直接減額方式によることができる。
> ➢ 予測できなかった著しい資産価値の下落があった際には，減損額を控除しなければならない。なお，当該減損額は，減損損失として損益計算書の特別損失に計上する。
> ➢ ゴルフ会員権は取得原価で評価する。ただし，時価があるものについて時価が著しく下落した場合又は時価がないものについて発行会社の財政状態が著しく悪化した場合には，減損処理を行う。

1 固定資産の取得価額 » P.221, CASE 17

33. 固定資産の取得価額
　有形固定資産及び無形固定資産の取得価額は，次のとおりとする。
(1) 原　　則
　　固定資産の取得価額は，購入代価等に，買入手数料，運送費，引取

> 運賃，据付費，試運転費等の付随費用を加えた金額とする。
> (2) 少額の付随費用
>   付随費用が少額である場合は，取得価額に算入しないことができる。
> (3) 少額の減価償却資産
>   減価償却資産のうち取得価額が少額のものについては，その取得した事業年度において費用処理することができる。

Ⅰ　固定資産の分類

　固定資産とは，企業の営業目的を達成するため，1年を超えて所有又は使用するものをいい，有形固定資産，無形固定資産，投資その他の資産に分類されます。

　固定資産のうち残存耐用年数が1年以下となったものも固定資産に含まれます（企業会計原則注解（注16））。

Ⅱ　固定資産の取得原価

　固定資産の取得価額は，①購入，②自家建設，③自己が生育・成熟（牛馬・果樹等），④適格合併・適格分割による受入れ，⑤適格現物出資・適格事後設立，⑥現物出資，⑦交換，⑧贈与，⑨国庫補助金等による取得，⑩その他，その取得の態様により，定められています（企業会計原則第三，連続意見書第三，法令54①他）。法人税法がその取扱いを詳しく定めていますので，会計上も税法上の取扱いを適用しているのが多いと思われます。

　付随費用について，会計上は，重要性が乏しい付随費用は，取得価額に加算しないことができることを示しています（連続意見書第三）。

　法人税法上は，固定資産の取得価額に算入しないことができる費用として，次のように示されています（法基通7－3－1の2他）。これらの費用以外は，たとえ少額であっても固定資産の取得原価に算入することになり，会計上，費用処理した場合には，申告調整する必要があります。ただし，基本通達7－3－

3の2は，費用の例示であり，限定列挙ではありませんので，多くの場合，会計上と法人税法上は一致するものと思われます。

「**(借入金の利子)**

7－3－1の2　固定資産を取得するために借り入れた借入金の利子の額は，たとえ当該固定資産の使用開始前の期間に係るものであっても，これを当該固定資産の取得価額に算入しないことができるものとする。

　　(注)　借入金の利子の額を建設中の固定資産に係る建設仮勘定に含めたときは，当該利子の額は固定資産の取得価額に算入されたことになる。

(割賦購入資産等の取得価額に算入しないことができる利息相当部分)

7－3－2　割賦販売契約(延払条件付譲渡契約を含む。)によって購入した固定資産の取得価額には，契約において購入代価と割賦期間分の利息及び売手側の代金回収のための費用等に相当する金額とが明らかに区分されている場合のその利息及び費用相当額を含めないことができる。

(固定資産の取得価額に算入しないことができる費用の例示)

7－3－3の2　次に掲げるような費用の額は，たとえ固定資産の取得に関連して支出するものであっても，これを固定資産の取得価額に算入しないことができる。

(1)　次に掲げるような租税公課等の額

　　イ　不動産取得税又は自動車取得税

　　ロ　特別土地保有税のうち土地の取得に対して課されるもの

　　ハ　新増設に係る事業所税

　　ニ　登録免許税その他登記又は登録のために要する費用

(2)　建物の建設等のために行った調査，測量，設計，基礎工事等でその建設計画を変更したことにより不要となったものに係る費用の額

(3)　いったん締結した固定資産の取得に関する契約を解除して他の固定資産を取得することとした場合に支出する違約金の額」

Ⅲ 少額の減価償却資産

　会計上，少額の減価償却資産の具体的な範囲・基準についての規定はありません。重要性の原則の適用により，各企業の判断により，その買入時等に費用として処理することになります（企業会計原則注解（注1））。

　法人税法上は，少額減価償却資産等の取扱いについて，次のように定めています。

区　分	取　扱　い	根拠条文
少額減価償却資産の全額損金算入	使用可能期間が1年未満又はその取得価額が10万円未満である減価償却資産については，全額を損金算入することができます。	法令133
一括償却資産の損金算入	取得原価が20万円未満の減価償却資産については，耐用年数にかかわらず，3年間で損金算入することを選択できます。	法令133の2
中小企業者等の少額減価償却資産の取得価額の損金算入の特例	青色申告法人で中小企業者等に該当するものが，平成15年4月1日から平成18年3月31日までの間に取得した取得価額が30万円未満の減価償却資産については，全額を損金算入することができます。	措法67の8

　本指針は，金額基準を明示していませんが，中小企業の場合は，法人税法上の取扱いに準拠して支障がないものと思われます（公認会計士協会監査委員会報告第57号「平成10年度の税制改正と監査上の取扱いについて」参照）。

2　固定資産の減価償却　» P.222，CASE 18　CASE 19

> **34．固定資産の減価償却**
> 　　有形固定資産の減価償却の方法は，定率法，定額法その他の方法に従い，毎期継続して適用し，みだりに変更してはならない。なお，減価償却は，固定資産を事業の用に供したときから開始する。
> 　　減価償却における耐用年数や残存価額は，その資産の性質，用途，使

用状況等に応じて合理的に決定しなければならない。ただし，法人税法上の耐用年数を用いて計算した償却限度額を減価償却費として計上することも認められる。

算定された減価償却費は，その性質に応じて製品原価又は期間費用として処理する。減価償却計算に適用した耐用年数又は残存価額が，その設定に当たり予測できなかった機能的原因等により著しく不合理となった場合等には，耐用年数又は残存価額を修正し，これに基づき過年度における減価償却累計額を修正し，その修正額を特別損失に計上する。

租税特別措置法による特別償却のうち，一時償却額は，重要性の乏しい場合を除き利益処分方式により繰延税金負債を控除した金額を特別償却準備金として計上する。

なお，無形固定資産の減価償却の方法は，定額法その他の方法に従い，毎期継続して適用する。

I　減価償却の方法

商法上，減価償却の方法についての規定はありません。

会計上，減価償却の方法として，①定額法，②定率法，③級数法，④生産高比例法及び⑤取替法があります（企業会計原則注解（注20））。

法人税法上，減価償却の方法は，概略，次のようになっています（法令13，48，51，53他）。

資産の区分		選定	法定	特別な方法
有形固定資産	建物	定額法		不可
	建物附属設備	定率法又は定額法	定率法	適用可
	機械装置			
	車両及び運搬具			
	工具，器具及び備品			
無形固定資産	無形の減価償却資産（営業権を除く）	定額法		
	営業権	5年間の均等償却		
国外リース資産		リース期間定額法		不可

　また，法人税法上，選定することのできる減価償却の方法が2以上ある場合は，あらかじめ税務署長に選定の方法を届け出ることになります（法令51②）。選定の届出を行わない場合の法定償却方法は次のようになります。

資産の種類	法定償却方法
有形減価償却資産	定率法
建物（平成10年4月1日以後取得）(注)	定額法
鉱業用減価償却資産・鉱業権	生産高比例法

　（注）　平成10年3月31日以前に取得した建物については，定率法が法定償却方法であり，定額法を選定することができました。なお，同日以前に取得した建物で定率法によっているものについて資本的支出をした場合は，その部分についても定率法により償却をします。

　会計上，その処理の原則及び手続を毎期継続して適用し，みだりにこれを変更してはならないと定められています（企業会計原則第一・五）。この継続性の原則は，恣意的な利益操作を排除し，計算書類の期間比較を可能にするため，いったん採用した会計処理の原則及び手続は，正当な理由によって変更する場合を除いて，継続的に適用すべきことを要求する原則です。

　法人税法上は，償却方法を変更するためには，新たな償却方法を採用しよう

とする事業年度開始の日の前日までに変更申請書を所轄税務署長に提出しなければなりません（法令52②）。なお，この場合において，「いったん採用した減価償却資産の償却の方法は特別の事情がない限り継続して適用すべきものである」ことを理由に，法人が現在の償却方法を採用してから3年を経過していないときは，申請が却下される場合があります（法令52③，法基通7－2－4）。税務署長の承認を前提とするものですが，法人税法も継続性の原則に配慮していると思われます。

Ⅱ 償却の要否・償却額

商法上，固定資産については，その取得価額又は製作価額を付し，毎決算期において「相当の償却」をしなければなりません（商規29本文）。

会計上，資産の取得原価は，資産の種類に応じた費用配分の原則によって，各事業年度に配分しなければなりません（企業会計原則・第三・五）。

法人税法上，「内国法人の各事業年度終了の時において有する減価償却資産につきその償却費として（中略）当該事業年度の所得の金額の計算上損金の額に算入する金額は，その内国法人が当該事業年度においてその償却費として損金経理をした金額（中略）のうち，その内国法人が当該資産について選定した償却の方法（中略）に基づき政令で定めるところにより計算した金額（償却限度額）に達するまでの金額とする」（法法31①）ことになっています。この規定は，企業が独自の判断で減価償却を実施すると，法人税法上の所得の計算が歪められるおそれがあることから，減価償却に係る償却方法，取得価額，耐用年数，残存価額等により償却限度額を定め，所得の金額の計算上損金の額に算入する減価償却費の限度額を設けているものであり，減価償却費の計上が償却限度額以下で任意であると積極的に規定しているものではありません。

本来，減価償却は，商法上は強制適用であり，会計上も費用配分の原則に基づき合理的に計上されなければなりません。そこで，本指針は，「要点」において「固定資産の減価償却は，経営状況により任意に行うことなく，（中略）毎期継続して規則的な償却を行う。」と明記することにしました。中小企業の実

務においては，繰越欠損金の金額等により，減価償却費の計上を見合わせることがあり，実質的に任意償却となっていますが，会計の水準を向上させるためには，適正に減価償却を行う必要があります。

会計上，償却額は耐用年数及び残存価額を合理的に見積もることにより算定しますが，その困難性と申告調整の必要性から，実務上は法人税法上の取扱いに従っている場合がほとんどです。そこで，本指針は，法人税法上の規定による償却限度額相当額をもって，減価償却費の計上額とすることを認めています。「償却費相当額以下」でないことに注意が必要です。

Ⅲ 臨時償却

会計上，臨時償却とは，正規の減価償却計算に適用している耐用年数又は残存価額が，設定に当たって予見することのできなかった機能的原因等により，著しく不合理となった場合等に耐用年数を変更し，又は残存価額を修正し，これに基づいて一時に行われる減価償却累計額の修正のための減価償却をいいます。臨時償却は，当初から規則的に計上される減価償却費と異なり，過年度における減価償却累計額の修正としての性質を有しますので，特別損失として処理します（監査第一委員会報告第3号「減価償却に関する会計処理及び監査上の取扱い」）。

法人税法上，法人の有する減価償却資産が技術の進歩その他の理由により著しく陳腐化した場合において，その資産の使用可能期間を基礎として既に所得の金額の計算上損金の額に算入された償却費の額を修正することについて納税地の所轄国税局長の承認を受けたときは，陳腐化償却をすることができます（法令60の2）。法人税法上は，物理的陳腐化の他，経済的陳腐化も含まれています（法基通7-4-8）。また，「著しい陳腐化」は，その減価償却資産の使用可能期間が現在採用している耐用年数（法定耐用年数より短い年数を採用している場合には，法定耐用年数）と比較して10％以上短くなった場合をいいます（法基通7-4-9）。

本指針は，会計上の規定に則していますが，「著しく不合理」を判断するに

当たっては，法人税法上の「著しい陳腐化」の基準が参考になると思われます。

Ⅳ 特別償却

法人税法上，設備投資の促進等の政策的見地から諸種の特別償却制度が設けられています。特別償却制度には，①初年度にその取得価額の一定割合を償却する特別償却（狭義の特別償却。一時償却）及び②各事業年度の償却額を割増しする割増償却があります。

特別償却（狭義）又は一時償却	取得価額等×一定割合＝特別償却限度額	・中小企業者等が機械等を取得した場合等の特別償却 ・事業基盤強化設備を取得した場合等の特別償却　等
割　増　償　却	普通償却限度額×一定割合＝割増償却限度額	・障害者を雇用する場合の機械等の割増償却 ・優良賃貸住宅等の割増償却　等

法人税法上の処理として，①損金経理，②利益処分方式及び③準備金方式があります。

区　　分	内　　容	仕　　訳
償却方式	通常の減価償却と同様に処理する方法	（減価償却費）　　×× 　　（機械装置）　　××
準備金方式	減価償却費として処理し，同額を特別償却準備金として計上する方法	（減 価 償 却 費）　×× 　　（特別償却準備金）　××
利益処分方式	償却費を損益計算上の費用に計上せずに，利益処分にて処理する方法	（未 処 分 利 益）　×× 　　（特別償却準備金）　××

会計上，租税特別措置法に規定する特別償却（一時償却及び割増償却）については，一般に正規の減価償却に該当しないものとされています。特別償却は，法人税法上の恩典等として損金算入が認められるものであり，正規の減価償却手続きで費用配分されるものではありませんので，会計上，費用又は準備金（利益留保性引当金）のいずれの処理も適切ではありません（商法上，利益留保性

引当金の計上は認められていません)。したがって，会計上，特別償却の償却額は，利益処分において，資本の部の任意積立金である特別償却準備金として計上する方法によることになります。

　本指針は，中小企業の実務において償却方式が広く用いられていること，及び割増償却については正規の減価償却費として処理することが不合理でない場合には認められること（監査第一委員会報告第3号参照）を考慮して，一時償却額について，その金額に重要性が乏しい場合を除いて，特別償却準備金として計上することとしています。

　なお，特別償却準備金として積み立てた金額は，翌事業年度から7年間で均等額ずつ取り崩されますので，税効果会計上，将来加算一時差異となります。この将来加算一時差異に法定実効税率を適用して算出される金額が繰延税金負債です（第61項参照）。そこで，本指針は，「繰延税金負債を控除した金額」と留意的に示しています（次の第35項においても同じです）。重要性のない場合は，繰延税金負債を計上する必要はありません（税効果会計の要点を参照）。

(1) **無形固定資産の減価償却**

　無形固定資産の減価償却は，定額法その他の方法に従い，毎期継続して適用することとされています。会計上，耐用年数は，個々の企業の個別見積り耐用年数に基づきますが，実務上，法人税法上の耐用年数が多く用いられています。

(2) **貸借対照表上の表示**

　本指針では明示していませんが，商法施行規則では，固定資産の表示方法を次の通り示しています。

① 有形固定資産（商規62）

原則	科目別 間接控除法	資産が属する科目ごとに減価償却累計額を控除する形式で記載	建物　　　　　　　　　500 　減価償却累計額　△150　350 機械装置　　　　　　　200 　減価償却累計額　△ 30　170

例外	一括間接控除法	2以上の科目について減価償却累計額を一括して控除する形式で記載	建　　物　　　　500 機械装置　　　　200 減価償却累計額　△180 有形固定資産合計　　520
	直接控除注記法	各科目ごとに減価償却累計額を控除した残額を貸借対照表に記載し，減価償却累計額を注記（減価償却累計額は，各科目ごと又は一括して注記）	建　　物　　　　350 機械装置　　　　170 (注)　有形固定資産からは減価償却累計額180が控除されている。

　中小企業の実務においては，直接控除注記法が多く採用されているものと思われます。本指針の「計算書類の注記の例示」及び「計算書類（貸借対照表・損益計算書）の例示」も直接控除注記法の場合を示しています。
② 　無形固定資産（商規64）
　　貸借対照表に，償却額を控除した残額（簿価）を記載します。

③　圧縮記帳　》P.226，CASE 20

> 35. 圧縮記帳
> 　　固定資産の圧縮記帳の会計処理は，原則として，利益処分方式により圧縮記帳額から繰延税金負債を控除した純額を積立金として計上する。
> 　　ただし，国庫補助金，工事負担金等で取得した資産については，直接減額方式による圧縮記帳をすることができる。また，交換，収用等及び特定の資産の買換えで交換に準ずると認められるものにより取得した固定資産についても，直接減額方式に準じた処理も認められる。

　圧縮記帳制度は，課税所得の基因となる利益について，その利益をもって新たに固定資産を取得等した場合に，その利益相当額を固定資産の取得価額から控除（圧縮）することにより，課税を繰り延べることを目的とするものです。

すなわち，取得資産について，譲渡資産の譲渡益等に対応する金額の損金算入（圧縮記帳）を認めることにより，課税関係をその時点において発生させないことができることとしています。そして，取得資産の減価償却費等の計算は圧縮記帳後の金額によりますので，結果として課税の繰延べをしたことになります。

法人税法上の圧縮記帳として次のようなものがあります。これら以外に租税特別措置法上の圧縮記帳もあります。

① 国庫補助金等で取得した固定資産等の圧縮記帳（法法42～44）
② 工事負担金で取得した固定資産等の圧縮記帳（法法45）
③ 非出資組合が賦課金で取得した固定資産等の圧縮記帳（法法46）
④ 保険金等で取得した固定資産等の圧縮記帳（法法47～49）
⑤ 交換により取得した資産の圧縮記帳（法法50）

法人税法上，次の3通りの圧縮記帳の処理方法が認められています。

方式	内容	仕訳	特徴
帳簿価額直接減額方式	取得資産の実際取得価額から圧縮損相当額を直接減額して帳簿価額として計上する方法	（圧縮損）×× 　（取得資産）××	① 税務上の取得価額と会計上の帳簿価額が一致します。 ② 減価償却等の計算が簡便です。
引当金方式	帳簿価額を取得資産の実際取得価額で計上し，圧縮損相当額を損金経理により引当金に繰入れる方法	（圧縮引当金繰入損）×× 　（圧縮引当金）××	① 税務上の取得価額と会計上の帳簿価額は一致します。 ② 減価償却等の計算の基礎となる金額は圧縮引当金の額だけ差額が生じます。 ③ いわゆる圧縮損の間接表示方法です。
利益処分方式（積立金方式）	帳簿価額を取得資産の実際取得価額で計上し，圧縮損	（未処分利益）×× 　（圧縮積立金）××	① 圧縮損の金額が企業利益に影響を及ぼさないが，申告書での調整が必要となります。

	相当額を利益処分により積立金として積立てる方法		② 減価償却等については，引当金方式と同様の調整が必要となります。

　商法上，固定資産については原則として取得原価を付し，毎期相当の償却をすべきとされています。帳簿価額直接減額方式は，これに反する懸念が指摘されています。また，利益留保性引当金の計上も認められていませんので，圧縮損相当額を引当金に繰入計上することに対しても疑義があります。

　会計上の見地からは，利益処分方式は，資産の譲渡等により企業が獲得した利得やその取引後の財政状態が正しく表示され，将来の損益計算・減価償却計算のための正しい基礎を提供することができますので，処理方法として最も適切なものといえます。ただし，企業会計原則注解（注24）では，国庫補助金，工事負担金等で取得した資産については，直接減額方式による圧縮記帳を認めています。また，交換又は収用等により同一種類，同一用途である固定資産を取得した場合は，譲渡資産と取得資産との間に連続性が認められるので，会計上両者を同一視することができ，実質的に取引がなかったものと考えられますので，直接減額方式による処理が認められています（監査第一委員会報告第43号「圧縮記帳に関する監査上の取扱い」）。本指針は，この会計上の処理方法を採用しています。

　法人税法上，以下の圧縮記帳については，帳簿価額直接減額方式しか認められていませんので留意が必要です。

① 交換により取得した資産の圧縮記帳（法法50）
② 換地処分等に伴い資産を取得した場合の圧縮記帳（措法65）
③ 特定の交換分合により土地等を取得した場合の圧縮記帳（措法65の9）
④ 鉱工業技術研究組合等が賦課金で取得した試験研究用資産の圧縮記帳（措法66の10）

④ 有形固定資産及び無形固定資産の減損　» P.226, CASE 21

> 36. 有形固定資産及び無形固定資産の減損
>
> 　　固定資産について予測することができない物理的・機能的減損が生じたときは，相当の減額をしなければならない。また，固定資産に物理的・機能的減損が生じていなくても使用状況と時価により減損処理を行うことがある。
>
> 　　減損損失の認識及びその額の算定に当たって，減損会計基準の適用による技術的困難性等を勘案し，本指針では，資産の使用状況に大幅な変更があった場合に，減損の可能性について検討することとする。
>
> 　　具体的には，固定資産としての機能を有していても将来使用の見込みが客観的にないこと又は固定資産の用途を転用したが採算が見込めないことのいずれかに該当し，かつ，時価が著しく下落している場合には減損損失を認識するものとする。なお，資産が相当期間遊休状態にあれば，通常，将来使用の見込みがないことと判断される。

(1) 商　　法

予測することができない減損が生じたときは，相当の減額をしなければなりません（商規29但書）。

(2) 法人税法

棚卸資産の場合と同様に，法人税法は，内国法人がその有する資産につき評価換えをして損金経理によりその帳簿価額を減額したときは，評価換えをした日の属する事業年度の所得の金額の計算上，損金の額に算入する（法法33②）とし，評価換えをする事実として，次のものが例示されています（法令68①三）。

① 当該資産が災害により著しく損傷したこと。
② 当該資産が1年以上にわたり遊休状態にあること。
③ 当該資産がその本来の用途に使用することができないため他の用途に使

用されたこと。(以下略)

(3) **会　　計**

　減損の兆候がある資産又は資産グループについての減損損失を認識するかどうかの判定は，資産又は資産グループから得られる割引前将来キャッシュ・フローの総額と帳簿価額を比較することによって行い，資産又は資産グループから得られる割引前将来キュッシュ・フローの総額が帳簿価額を下回る場合には，減損損失を認識します（固定資産の減損に係る会計基準）。株式公開企業等には，平成17年4月1日以後開始する事業年度から減損会計が強制適用されることになっています。

　会計上の減損会計の手順は概略次のように行うことになっており，法人税法の規定に比較すると，詳細な算定方法が示されています。

　① 概ね独立したキャッシュ・フローを生み出す最小の単位でグルーピングをする。
　② 減損の兆候を把握する。
　③ 割引前将来キャッシュ・フローの総額を算定し，帳簿価額と比較する。
　④ 使用価値と正味売却価額を比較し，いずれか高い方の金額を回収可能価額とする。
　⑤ 帳簿価額から回収可能額を控除した金額を減損損失額として測定する。

(4) **本指針における減損損失の認識**

　本指針は，中小企業の実務能力や時間コスト等を考慮して，グルーピングや割引前将来キュッシュ・フローの考え方を採用していません。そして，「予想することができない物理的・機能的減損が生じた」ことをもって減損損失を認識しなければならない条件とし，その解釈に当たり次の2つの場合をその具体例として簡潔に示しています。

　① 固定資産の機能を有していても将来使用の見込みが客観的にないことに該当し，かつ，時価が著しく下落している場合（資産が相当期間遊休状態にあれば，通常，将来使用の見込みがないことと判断されることを本指針は示している）

② 固定資産の用途を転用したが採算が見込めないことに該当し、かつ、時価が著しく下落した場合

反対に解釈すれば、現在使用し、かつ、将来も使用する見込みが客観的にある固定資産については、時価が著しく下落しても減損損失を認識する必要がないことになります。

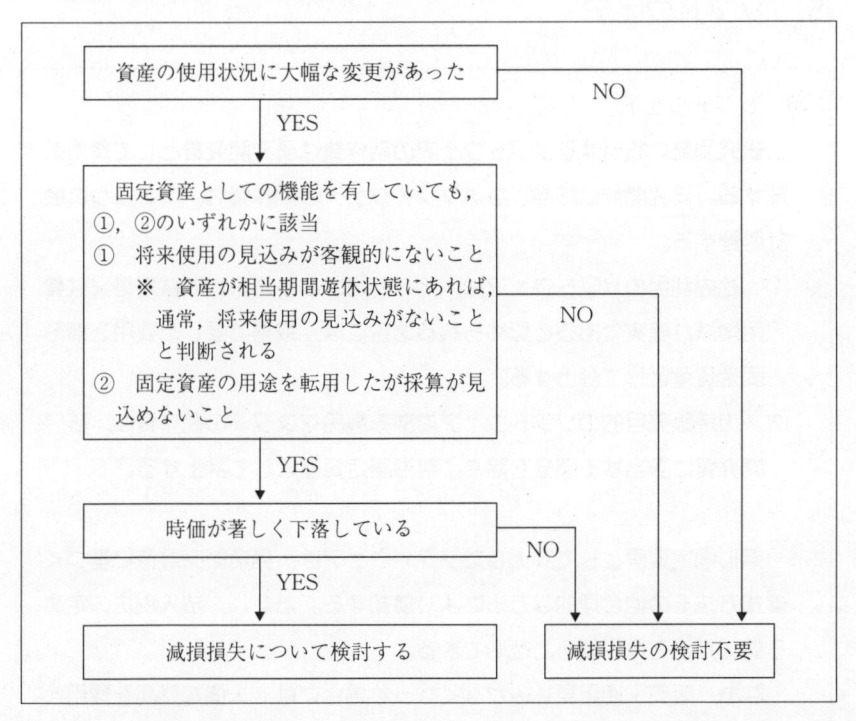

```
資産の使用状況に大幅な変更があった ──NO──┐
         │YES                              │
         ▼                                 │
固定資産としての機能を有していても、         │
①、②のいずれかに該当                         │
① 将来使用の見込みが客観的にないこと         │
  ※ 資産が相当期間遊休状態にあれば、      ──NO──┤
     通常、将来使用の見込みがないこと         │
     と判断される                             │
② 固定資産の用途を転用したが採算が見        │
   込めないこと                              │
         │YES                              │
         ▼                                 │
時価が著しく下落している ──NO──────────────┤
         │YES                              │
         ▼                                 ▼
減損損失について検討する          減損損失の検討不要
```

(5) 会計処理

① 減損処理

(借)減 損 損 失　×××　(貸)固 定 資 産　×××
　　－特別損失－

② 減価償却

減損処理後の帳簿価額に基づき減価償却を行います。ただし、法人税法上の償却限度額は、減損処理前の帳簿価額で算定しますので、申告調整が

必要です。

③　減損損失の戻入

時価が回復した場合でも，戻入益等の計上は行いません。

5　ソフトウェア

> 37．ソフトウェア
>
> 　研究開発に該当するソフトウェアの制作費は研究開発費として費用処理する。研究開発に該当しないソフトウェアの制作費は，次のように会計処理する。
> (1)　社内利用のソフトウェアは，その利用により将来の収益獲得又は費用削減が確実であると認められる場合には，取得に要した費用を無形固定資産として計上する。
> (2)　市場販売目的のソフトウェアである製品マスターの制作費は，研究開発費に該当する部分を除き，無形固定資産として計上する。
>
> 　無形固定資産として計上したソフトウェアは，見込販売数量に基づく償却方法その他合理的な方法により償却する。ただし，法人税法の定める償却方法を採用することもできる。
> 　なお，販売・使用見込みがなくなった場合には，未償却残高を費用として一時に償却する必要がある。

　ソフトウェアとは，コンピュータを機能させるためのプログラム等をいい，自社制作，購入又は開発委託などの形態によって企業に取得されます。また，ソフトウェアはその制作目的により会計処理が規定されています。

制作目的			会計処理
研究開発に該当しない部分	研究開発に該当する部分		費用処理
	受注制作		請負工事の会計処理に準じる
	市場販売目的	研究開発に該当する部分	費用処理
		上記以外の部分	無形固定資産
	社内使用	自社制作 収益獲得,費用削減が確実	無形固定資産
		自社制作 収益獲得,費用削減にならない	費用処理
		購入および付随的な設定,修正作業	無形固定資産

　ソフトウェアの会計処理及び表示については，研究開発費等に係る会計基準，研究開発費及びソフトウェアの会計処理に関する実務指針及び研究開発費及びソフトウェアの会計処理に関するQ＆Aが示しています。本指針は，これらからソフトウェアに該当する部分を抽出し，簡略化して示したものです。

　実務上の注意点としては，ソフトウェアを繰延資産として表示している場合もあると思われますが，今後は，無形固定資産として表示することが求められます。

6　ゴルフ会員権

38．ゴルフ会員権

(1)　ゴルフ会員権の評価

　ゴルフ会員権は，取得原価で評価する。ただし，ゴルフ会員権の計上額の重要性が大きい場合で，以下の要件に該当するときは，減損処理を行う。

①　時価があるゴルフ会員権…時価が著しく下落したとき

②　時価のないゴルフ会員権…発行会社の財政状態が著しく悪化したとき

(2)　預託保証金方式によるゴルフ会員権を減損する場合の会計処理

> 預託保証金方式によるゴルフ会員権の時価が著しく下落したことにより減損処理する場合には，帳簿価額のうち預託保証金を上回る金額について，まず直接評価損を計上し，さらに時価が預託保証金の額を下回る場合には，当該部分を債権の評価勘定として貸倒引当金を設定する。ただし，預託保証金の回収が困難な場合には，貸倒引当金を設定せずにゴルフ会員権から直接控除することができる。

I 減損損失

　金融商品会計に関する実務指針によると，ゴルフ会員権は施設利用権を化体した株式及び預託保証金であり，金融商品会計基準の対象となります（第223項）。そして，ゴルフ会員権は，取得価額をもって計上し，時価のあるものについて著しい時価の下落が生じた場合，又は時価を有しないものについてその株式の発行会社の財政状態が著しく悪化した場合には，有価証券に準じて減損処理を行うものとしています（第135項）。

　本指針においては，上記の規定に則しつつ，中小企業の実態に則して「ゴルフ会員権の計上額の重要性が大きい場合」を前提条件としていることに留意が必要です。すなわち，ゴルフ会員権の金額が総資産の金額に対して占める割合が大きい場合など，その計上額につき重要性が高いと判断される場合に限り，時価のあるゴルフ会員権については，時価が著しく下落したとき，時価のないゴルフ会員権については，会員権発行会社の財政状態が著しく悪化したときに，減損処理を行うとされています。

II 「著しく下落」又は「著しく悪化」の程度

(1) 時価のあるゴルフ会員権

　金融商品会計においては，ゴルフ会員権は有価証券に準じて評価するとされていますので，「著しい下落」とは，少なくともゴルフ会員権の時価が取得原価に比べて50％程度以上下落した場合をいうものと考えられます。

(2) 時価のないゴルフ会員権

　ゴルフ会員権発行会社が貸借対照表や損益計算書を公表していませんし，仮に貸借対照表等を入手できたとしても，預託金の返済能力を見積もることは困難なことです。発行会社が破産法や民事再生法等の規定による申立て等を行った場合に，残余財産の配当見込額や預託金の債権切捨て後の金額を参考にすることになると思われます。

Ⅲ　法人税法上の申告調整

　法人税法上は，資産の評価損の計上ができる場合の規定において，「内国法人の有する資産（預金，貯金，貸付金，売掛金その他の債権（次項において「預金等」という。）を除く。）」（法法33②）とあります。また，預託保証金方式のゴルフ会員権は，会員から預かった一種の保証金又は保証金に類似するものと同様に考えられるので，寄託債権として取り扱われます。したがって，会員権相場の下落の事実のみでは評価損の計上は認められず，預託保証金方式のゴルフ会員権について会計上の減損処理をする場合は，申告調整をする必要があります。

Ⅳ　貸倒引当金の設定

　本指針は，預託保証金方式のゴルフ会員権が多いという実態を考慮して，預託保証金方式によるゴルフ会員権を減損する場合の会計処理について次のように示しています。

① 帳簿価額のうち預託保証金を上回る金額について，まず直接評価損を計上します。
② 時価が預託保証金の額を下回る場合には，当該部分を債権の評価勘定として貸倒引当金を設定します。
③ 時価が預託保証金の額を下回る場合で，預託保証金の回収が困難な場合には，貸倒引当金を設定せずにゴルフ会員権から直接控除することができます。

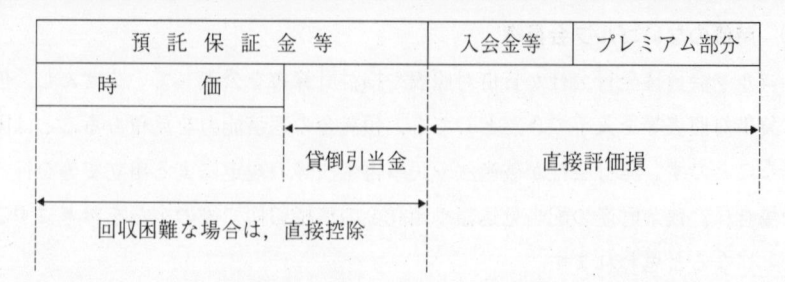

預託保証金等		入会金等	プレミアム部分
時価			
	貸倒引当金	直接評価損	
回収困難な場合は，直接控除			

　法人税法上，ゴルフ場施設を利用できる間は，ゴルフ会員権の法的性格は施設利用権であり，金銭債権ではありませんので，貸倒損失又は貸倒引当金の対象とすることはできません。これに対して，退会手続を行った場合や発行会社が破産宣告を受けた場合は，預託保証金返還請求権が顕在化し，金銭債権として貸倒引当金を設定することができます。ただし，民事再生法による再生手続開始の申立てをした場合には，退会しない限り預託金返還請求権とならないので，個別評価による貸倒引当金は計上できません。

　また，預託保証金の一部または全部が切り捨てられた場合には，その切り捨てられた部分の金額に相当する金額は，貸倒損失として処理することができます。

【関連項目】
　企業会計原則　第三・五
　企業会計原則　第一・五，注解３
　固定資産の減損に係る会計基準
　研究開発費等に係る会計基準　第三・四
　会計制度委員会報告第14号「金融商品会計に関する実務指針」第12項，第135項，第223項，第311項
　法人税法第33条第２項
　法人税法施行令第68条
　減価償却の耐用年数等に関する省令

8 繰延資産

繰延資産

> **要 点**
> ➤ 創立費，開業費，研究費及び開発費，新株発行費等，社債発行費，社債発行差金は，原則として費用処理する。なお，繰延資産として計上することもできる。
> ➤ 研究費及び開発費のうち，新知識の発見を目的とした計画的な調査及び探求並びに新製品等への研究成果その他の知識の具体化に係る費用は，その発生時に費用処理することが望ましい。
> ➤ 費用として処理しなかった税法固有の繰延資産は，長期前払費用等として計上する。

1 繰延資産の意義等

39. 繰延資産の定義
　　繰延資産とは，既に代価の支払が完了し又は支払義務が確定し，これに対応する役務の提供を受けたにもかかわらず，その効果が将来にわたって発現するものと期待される費用を資産として繰り延べたものをいう。

40. 繰延資産の範囲
　(1) 創立費，開業費，研究費及び開発費，新株発行費等，社債発行費，社債発行差金が繰延資産に該当する。

① 創立費
   発起人に支払う報酬，会社の負担すべき設立費用
② 開業費
   開業準備のために支出した金額
③ 研究費及び開発費
   次の目的のために特別に支出した金額
   ア．新製品又は新技術の研究
   イ．新技術又は新経営組織の採用
   ウ．資源の開発
   エ．市場の開拓
④ 新株発行費等
   新株及び新株予約権の発行のために支出した費用
⑤ 社債発行費
   社債の発行のために支出した費用
⑥ 社債発行差金
   社債権者に償還すべき金額の総額が社債募集によって得た実額を超える場合，その差額
(2) (1)の繰延資産のうち，新製品若しくは新技術の研究又は新技術の採用のために特別に支出した金額については，その発生時に費用処理することが望ましい。
(3) 法人が支出する次に掲げる費用（資産の取得に要した金額及び前払費用を除く。）のうち支出の効果がその支出の日以後1年以上に及ぶものは，税法固有の繰延資産に該当する。
① 自己が便益を受ける公共的施設又は共同的施設の設置又は改良のために支出する費用
② 資産を賃借し又は使用するために支出する権利金，立退料その他の費用

> ③ 役務の提供を受けるために支出する権利金その他の費用
> ④ 製品等の広告宣伝の用に供する資産を贈与したことにより生ずる費用
> ⑤ ①から④までに掲げる費用のほか，自己が便益を受けるために支出する費用

I 繰延資産の定義

会計上，将来の期間に影響する特定の費用は，次期以後の期間に配分して処理するため，経過的に貸借対照表の資産の部に記載することができます（企業会計原則第三・一・D及び四(一)・C）。そして，「将来の期間に影響する特定の費用」とは，すでに代価の支払が完了し又は支払義務が確定し，これに対応する役務の提供を受けたにもかかわらず，その効果が将来にわたって発現するものと期待される費用をいい，これらの費用は，その効果が及ぶ数期間に合理的に配分するため，経過的に貸借対照表上繰延資産として計上することができます（企業会計原則注解（注15））。

会計上の繰延資産は，創立費，開業費，新株発行費，社債発行費，社債発行差金，開発費及び建設利息です（財規36）。

商法上，繰延資産の定義は示されていませんが，①創立費，②開業費，③研究費及び開発費，④新株発行費等，⑤社債発行費，⑥社債発行差金及び⑦建設利息の7項目を限定列挙しています（商規35～41）。

本指針は，会計上の繰延資産の定義と商法上の繰延資産の範囲に基づいて，示しています。建設利息は，中小企業では想定されないため，省略することになりました。

II 研究及び開発

研究開発費等に係る会計基準及び同注解では，次のように示されています。

「① 研究とは，新しい知識の発見を目的とした計画的な調査及び探求をい

う。
　② 開発とは，新しい製品・サービス・生産方法（以下，「製品等」という。）についての計画若しくは設計又は既存の製品等を著しく改良するための計画若しくは設計として，研究の成果その他の知識を具体化することをいう。」

そして，研究開発費に係る会計処理として，次のように示されています。
「① 研究開発費は，すべて発生時に費用として処理しなければならない。
　② 費用として処理する方法には，一般管理費として処理する方法と当期製造費用として処理する方法がある。」

これによりますと，例えば，10,000千円の研究開発用の機械を購入した場合，法人税法上は，固定資産として計上し減価償却の手続により損金算入していくことになりますが，会計上は，取得価額を問わず発生時に費用処理することになります。会計上の費用処理をした場合は，当然に，法人税法上の申告調整をすることになります。

そこで，本指針は，第40項(1)に掲げる繰延資産のうち，「新製品若しくは新技術の研究又は新技術の採用のために特別に支出した金額」については，会計上の原則的な処理と中小企業における一般的に行われている処理の均衡を図り，経過措置的な意味合いを含めて，「発生時に費用処理することが望ましい」としています。

Ⅲ　税法固有の繰延資産

本指針は，法人が支出する一定の費用のうち支出の効果がその支出の日以後1年以上に及ぶものは，税法固有の繰延資産であり，商法上の繰延資産には該当しないことを示しています。

中小企業の実務で，「繰延資産」として認識されているものの大半が税法上の繰延資産に該当するものと思われます。

2 償却額・償却期間

> **41．償却額・償却期間**
> (1) 商法上の繰延資産
>   創立費は，会社成立後，開業費は開業後，研究費及び開発費はその支出後，それぞれ5年内に，新株発行費等及び社債発行費はそれぞれその発行後3年内に，社債発行差金は，社債償還の期限内に毎期均等額以上の償却をしなければならない。
> (2) 税法固有の繰延資産等
>   社債発行差金及び税法固有の繰延資産については，法人税法上，償却限度額の規定があることに留意する必要がある。また，金額が少額のものは，発生時において費用処理する。

I 償却額等

商法上の繰延資産については，商法上の原則的な取扱いを示しています。

税法固有の繰延資産は，その本質は費用ですが，償却限度額の規定がありますので，支出時損金経理の処理をした場合には，申告調整が必要であることを留意的に示しています。

II 少額繰延資産

法人税法上，支出金額が20万円未満であるものについて，支出する日の属する事業年度において損金経理をしたときは，損金経理をした金額を，その事業年度の所得の金額の計算上，損金の額に算入します（法令134）。

本指針は，金額基準を明示していませんが，税法基準に基づいて処理することも認められるものと思われます。

③ 一時償却

> 42. 一時償却
> (1) 繰延資産について支出の効果が期待されなくなった場合には，一時に償却しなければならない。
> (2) 本指針においては，次の場合には，一時に償却しなければならないものとして取り扱う。
> 　① 他の者の有する固定資産を利用するために支出した費用で資産として繰り延べたものについて，次の事実が生じた場合
> 　　ア．当該固定資産が災害により著しく損傷したこと
> 　　イ．当該固定資産が1年以上にわたり遊休状態にあること
> 　　ウ．当該固定資産がその本来の用途に使用することができないため，他の用途に使用されたこと
> 　　エ．当該固定資産の所在する場所の状況が著しく変化したこと
> 　② 上記に準ずる特別の事実が生じた場合

　商法上，固定資産については予測することができない減損が生じたときは，相当の減額をしなければならないと規定されています（商規29）。本指針は，具体例を示して繰延資産を一時に償却しなければならない場合について規定しています。

④ 表　示

> 43. 表示
> 　費用として処理しなかった繰延資産の未償却残高及び繰延資産の償却額の表示は，次のとおりとする。

> (1) 商法上の繰延資産は，貸借対照表に繰延資産の部を設け，科目を示して表示する。
> (2) 税法固有の繰延資産は，「投資その他の資産」に長期前払費用等の適当な科目を付して表示する。
> (3) 損益計算書において，繰延資産の償却額が営業収益との対応関係がある場合には販売費及び一般管理費に，対応関係がない場合には営業外費用に表示する。
> (4) 繰延資産の一時償却額は，原則として特別損失に表示する。

I 表　示

商法が繰延資産を限定列挙していることから，これらに該当しないいわゆる税法固有の繰延資産については，貸借対照表上，繰延資産の項目に記載することができません。このことから，税法固有の繰延資産については，商法上の繰延資産とは区別するために便宜的に「投資その他の資産」に長期前払費用等の科目を付して表示することになります。

中小企業実務においては，税法固有の繰延資産について，その貸借対照表上の表示が従来の実務と異なる場合が生じると思われます。法人税法別表十六(五)に基づいて，法人税法上の処理をした後，次の組替仕訳をすることにより対応することができます。

　　　(借) 長期前払費用　×××　　(貸) 繰　延　資　産 (注) ×××
　　(注) 税法固有の繰延資産です。

II 注　記

本指針は，この項では明示していませんが，資産性のない，その本質は費用である繰延資産を資産として計上した状態で配当可能額を算定することは適切ではありませんので，繰延資産として計上された①開業費及び②研究費及び開発費の合計額が，①資本準備金，②利益準備金及び③利益準備金の当期要積立

額の合計額を超える場合は，その超過額を貸借対照表に注記します（「計算書類の注記」を参照）。

【関連項目】
　商法施行規則第35条〜第40条
　法人税法施行令第14条，第134条

9 金銭債務

金銭債権

> **要　点**
> ➢ 金銭債務には，債務金額を付す。

1 金銭債務の定義

> **44. 金銭債務の定義**
> 　金銭債務とは，金銭の支払を目的とする債務をいい，支払手形，買掛金，借入金，社債（私募債を含む。）等を含む。なお，金銭債務は，網羅的に計上する。

　金融負債とは，支払手形，買掛金，借入金及び社債等の金銭債務並びにデリバティブ取引により生じる正味の債務等をいいます（金融商品に係る会計基準第一・一）。

　本指針は，金融商品に係る会計基準に則して金銭債務を定義しています。本指針の定義には，「デリバティブ取引により生じる正味の債務等」は明示されていませんが，「等」に含まれています。また，中小企業における多くの社債は，投資者一般を対象とした社債（公募債）ではなく，社債権者が金融機関や取引先等である私募債が多いと思われます。実態は借入金であっても，社債として認識することが必要ですので，留意的に「社債（私募債を含む。）」としています。

　第44項から第47項までの規定は，本指針の策定過程で提案されたものです。理由としては，次のようなものが挙げられます。

① 金銭債権と同様に金銭債務の計上についても，表示について示しておくことが必要である。
② 商法施行規則に，買掛金等，借入金等，支配株主等に対する金銭債務その他の表示について規定されている（関連項目参照）。
③ 中小企業においても社債を発行したり，デリバティブ取引を行う事例がある。

　中小企業の一部には，融資目的等のために，債務の計上を先送り等して「黒字決算」とするような場合があります。そこで，本指針は，「金銭債務は，網羅的に計上する。」と留意的に示しています。もっとも，重要性の原則の適用はあります。

② 貸借対照表価額

> 45. 貸借対照表価額
> (1) 支払手形，買掛金，借入金その他の債務には，債務金額を付さなければならない。
> (2) 社債は，社債金額をもって貸借対照表価額とする。ただし，社債を社債金額よりも低い金額で発行した場合には，その差額に相当する金額を社債発行差金として資産の部に計上し，社債償還の期限内に毎期均等額以上の償却をしなければならない。

I　金融負債の時価評価

　金融資産については，一般的に市場が存在すること等により，客観的な時価を把握することができ，その価額により換金・決済等を行うことが可能です。しかし，金融負債については，次の理由により，金融資産のように時価評価することが容易ではありません（金融商品に係る会計基準の設定に関する意見書Ⅲ・三）。

① 借入金の場合は，一般的に市場がありません。
② 社債の場合は，市場があっても，自己の発行した社債を時価により自由に清算することは事業遂行上等の制約があると考えられます。

社債発行会社の信用が下落して，その企業の社債の時価が下落した場合において時価評価すると，社債の簿価を切り下げて評価益を計上することになります。破綻寸前には，社債のほとんどが利益となることもあります。金融負債の時価評価にはこのような「負債評価のパラドックス」が指摘されています。

Ⅱ 負債の貸借対照表価額

支払手形，買掛金，借入金その他の債務は，債務額をもって貸借対照表価額とします（金融商品に係る会計基準第三・五）。本指針は，この規定に則しています。

社債は，社債金額をもって貸借対照表価額とします。

金融商品に係る会計基準は，「社債を社債金額よりも高い価額で発行」した場合についても述べていますが（同上），中小企業の発行する社債は，「社債を社債金額よりも低い金額で発行」する場合がほとんどであると思われますので，本指針は，後者の場合のみ触れています。この場合の社債発行差金は，繰延資産として計上します。

③ 貸借対照表の表示

46. 貸借対照表上の表示
 (1) 営業上の債務
　　買掛金，支払手形その他営業取引によって生じた金銭債務は，流動負債の部に表示する。
 (2) 営業上の債務以外の債務
　　借入金その他(1)の金銭債務以外の金銭債務で，その支払の期限が決算期後１年以内に到来するもの又は到来すると認められるものは，流

動負債の部に表示する。
(3) 支配株主等に対する金銭債務
　支配株主又は子会社に対する金銭債務は，次のいずれかの方法により表示する。
　① その金銭債務が属する科目ごとに，他の金銭債務と区別して記載する。
　② その金銭債務が属する科目ごとに，又は2以上の科目について一括して，注記する。
(4) 取締役等に対する金銭債務
　取締役，監査役等に対する金銭債務は，その総額を注記する。
(5) その他の債務
　上記(1)及び(2)以外の金銭債務は，固定負債の部に表示する。

　買掛金，支払手形その他営業取引によって生じた金銭債務は，営業循環基準が適用されますので，流動負債の部に表示します。
　支払期日が貸借対照表日の翌日から1年を超えて到来する支払手形についても，通常の営業取引に基づいて発生した手形債務については，営業循環基準が適用されますので，流動負債の部に表示します。
　中小企業においては，設備の購入など固定資産の取得に当たり，支払期日が貸借対照表日の翌日から1年を超えて到来する支払手形を複数枚（例えば，毎月末36回決済）発行するような場合があります。本指針は触れていませんが，営業上の支払手形と区分して「設備支払手形」等の科目で処理することが望ましいと思われます。この場合は，ワン・イヤー・ルール（1年基準）が適用されます。
　長期借入金で分割返済の定めのあるものについては，決算日において1年以内に返済期日等の到来する部分の金額は，原則として流動負債に表示します。
　本指針は，支配株主等に対する金銭債務及び取締役等に対する金銭債務につ

いては，商法施行規則第80条及び第84条に基づき，区分表示又は注記を求めています。中小企業の場合は，これらの金額が多額になる場合もあります。重要な会計情報ですので，注記をする必要があります。

4 デリバティブ

> **47. デリバティブ**
>
> デリバティブ取引により生じる正味の債権及び債務は，時価をもって貸借対照表価額とし，評価差額は，当期の損益として処理する。
>
> ただし，金融機関から融資と組み合わせて金利スワップ契約を締結した場合において，借入金の金額と金利スワップの元本の金額が同額である等の一定の要件を満たしているときは，時価評価を行う必要がないことに留意する。

Ⅰ デリバティブ取引

第16項と一部重複しますが，中小企業においては，金融機関からの融資に伴って発生するデリバティブ取引が多いことを考慮して，金融債権の箇所においても述べています。

中小企業の場合は，金利スワップ契約（同一通貨間の異なる金利を交換する契約をいいます）を単独で締結し，金利スワップ契約そのものからの収益を期待するようなことはほとんどありません。典型的な利用例としては，金融機関から変動金利で長期の資金調達を行っている企業が，変動金利が将来的に上昇するというリスクを回避するために，「固定金利を支払い，変動金利を受け取る」という金利スワップ契約を締結する場合等が想定されます。これにより，固定金利による長期の融資を受け，以後の変動金利上昇によるリスクを回避する効果を得ることができます。

Ⅱ 時価評価を行う必要がない場合

　金融商品に係る会計基準注解（注14）は，次の２つの条件を満たしている場合には，金利スワップを時価評価せず，その金銭の受払の純額等を当該資産又は負債に係る利息に加減して処理（金利スワップの特例処理）することができるとしています。

> ①　資産又は負債に係る金利の受払条件を変換することを目的として利用されている金利スワップが金利変換の対象となる資産又は負債とヘッジ会計の要件を充たしていること
> ②　その想定元本，利息の受払条件（利率，利息の受払日等）及び契約期間が当該資産又は負債とほぼ同一である場合

　金利スワップの特例処理が認められる条件については，金融商品会計に関する実務指針178が具体的に規定しています。

「(1)　金利スワップの想定元本と貸借対照表上の対象資産又は負債の元本金額がほぼ一致していること（５％以内の差異）
　(2)　金利スワップとヘッジ対象資産又は負債の契約期間及び満期がほぼ一致していること
　(3)　対象となる資産又は負債の金利が変動金利である場合には，その基礎となっているインデックスが金利スワップで受払される変動金利の基礎となっているインデックスとほぼ一致していること
　(4)　金利スワップの金利改定のインターバル及び金利改定日がヘッジ対象の資産又は負債とほぼ一致していること
　(5)　金利スワップの受払条件がスワップ期間を通して一定であること（同一の固定金利及び変動金利のインデックスがスワップ期間を通して使用されていること）
　(6)　金利スワップに期限前解約オプション，支払金利のフロアー又は受取金利のキャップが存在する場合には，ヘッジ対象の資産又は負債に含まれた同等の条件を相殺するためのものであること」

法人税法上もほぼ同様の規定が設けられており，次に掲げる要件を満たす取引については，特例処理が認められます（法法61の5①，法規27の7②）。

① 金利の変動に伴って生ずるおそれのある損失の額を減少させるために行ったものであること
② ヘッジ対象資産等の種類，名称，金額，金利変動損失額を減少させようとする期間，金利変動損失額を減少させるためにその取引を行った旨，その取引を事業年度終了の時において決済したものとみなさない旨及びその他参考となるべき事項をその取引に関する帳簿書類に記載したこと
③ その取引の当事者がその取引の元本として定めた金額とヘッジ対象資産等の金額とがおおむね同額であること
④ その取引を行う期間の終了の日とヘッジ対象資産等の償還等の期日がおおむね同一であること
⑤ その取引の金利に相当する額の計算の基礎となる指標とヘッジ対象資産等から生ずる金利の計算の基礎となる指標とがおおむね一致していること
⑥ その取引の金利に相当する額の受取又は支払の期日とヘッジ対象資産等から生ずる金利の支払又は受取の期日とがおおむね一致していること
⑦ その取引の金利に相当する額がその取引を行う期間を通じて一定の金額又は特定の指標を基準として計算されること

Ⅲ 申告調整

　上記の通り，特例処理に該当する場合は，会計上と法人税法上の取扱いは多くの場合は同一であり，会計上の損益の計上時期と法人税法上の益金又は損金の算入時期は一致します。したがって，申告調整を要する事例は，少ないと思われます。

【関連項目】
商法施行規則第76条〜第80条，第82条，第84条
金融商品に係る会計基準　第三，第五

10 引　当　金

引当金

> 要　点
> ➢ 将来の特定の費用又は損失であって，その発生が当期以前の事象に起因し，発生の可能性が高く，かつ，その金額を合理的に見積もることができる場合には，当期の負担に属する金額を当期の費用又は損失とし，引当金に繰入れなければならない。

1　引当金の設定

48.　引当金の設定要件
　(1)　次のすべての要件に該当するものは，引当金として計上しなければならない。
　　　①　将来の特定の費用又は損失であること
　　　②　発生が当期以前の事象に起因していること
　　　③　発生の可能性が高いこと
　　　④　金額を合理的に見積もることができること
　(2)　引当金のうち，当期の負担に属する部分の金額を当期の費用又は損失として計上しなければならない。

49.　引当金の区分
　(1)　賞与引当金等の法的債務（条件付債務）たる引当金は，負債として計上しなければならない。

(2)　修繕引当金等のように，法的債務ではないが，将来の支出に備えるための引当金については，金額に重要性の高いものがあれば，負債として計上することが必要である。

(3)　引当金についての，会計，商法及び税法の関係は，次のとおりである。

分類			商法	種類	税法
会計上の引当金		評価性引当金		貸倒引当金	損金算入限度額有り
	負債性引当金	債務性引当金	条件付債務	返品調整引当金	
				賞与引当金,退職給付引当金,製品保証引当金,売上割戻引当金,工事補償引当金等	損金不算入
		非債務性引当金	商法施行規則第43条の引当金（注）	修繕引当金,特別修繕引当金,債務保証損失引当金,損害補償損失引当金,	

(注)　引当金の部に計上しない場合は，法的債務と区別するために注記が必要である。

Ⅰ　会計上の引当金

　企業会計上，費用及び収益については，適正な期間損益計算が行われることを目的として一会計期間に属するすべての収益とこれに対応するすべての費用を対応させて計上することとなっています。これを費用収益対応の原則といいます。この収益と費用を対応させて適正な期間損益計算を行うためには，売上高に対する売上原価及び販売費その他その売上を獲得するために要する費用について計上することは当然です。

　債務として確定した費用のみならず，将来の費用又は損失が特定され，その発生原因が当期以前の事象に起因し，費用又は損失として発生する可能性が高

く，その金額を合理的に見積もることができるものについては，そのうち当期の負担として認められる部分の金額についても，その発生を見越して当期の費用又は損失として計上する際の貸方科目が引当金です。

　企業会計原則注解（注18）は，引当金の設定要件について次のように規定しています。

「① 　将来の特定の費用又は損失に関するものであること
　② 　その発生が当期以前の事象に起因していること
　③ 　発生の可能性が高いこと
　④ 　その金額を合理的に見積もることができること」

　会計上の引当金として，企業会計原則注解（注18）は，次のものを例示しています。

　①製品保証引当金，②売上割戻引当金，③返品調整引当金，④賞与引当金，⑤工事補償引当金，⑥退職給与引当金，⑦修繕引当金，⑧特別修繕引当金，⑨債務保証損失引当金，⑩損害補償損失引当金，⑪貸倒引当金　等

　上記以外のものであっても，引当金の設定要件を満たすものは引当金として取り扱われることになります。

　上記の要件を満たしたものは，引当金に繰り入れ，貸借対照表の負債の部又は資産の部の控除項目として記載することになります。

Ⅱ　商法上の引当金

　商法上，将来発生することが予想される特定の支出又は損失に備えるために，あらかじめ引当金を積み立てるときは，その営業年度の費用または損失とすることが相当であると認められる金額に限って，それを貸借対照表の負債の部に計上することが認められています。

　商法上の引当金の設定要件は，商法施行規則第43条が次のように規定しています。

「① 　特定の支出又は損失に備えるためのものであること
　② 　その営業年度の費用又は損失とすることを相当とする額に限られるこ

と
　③　貸借対照表の負債の部に計上することができるものであること」

商法上の引当金は，負債性の引当金ですが，法的債務性のないものです。法的債務性のないものは，本来は負債の部に計上することはできません。しかし，負債性引当金のうちの非債務性引当金については，商法施行規則第43条の引当金として，例外的に負債の部に計上することが認められています。「貸借対照表の負債の部に計上することができる」というのは，商法上の債務は，負債として貸借対照表計上能力を認めるという趣旨です。

商法の引当金は，条件付債務（一定の条件の成就により債権者と金額が確定する債務）ではない引当金を意味し，商法施行規則では，具体例は示されていませんが，修繕引当金，特別修繕引当金，債務保証損失引当金，損害補償損失引当金のように債務性がないものが商法上の引当金に該当します。これら以外の引当金は，取立不能見込額としての貸倒引当金を除き，債務性がある条件付債務として当然に負債の部に計上されるべきものとして取り扱われます。

Ⅲ　法人税法上の引当金

法人税法第22条第3項では，損金について「償却費以外の費用でその事業年度終了の日までに債務の確定しないものを除く。」として，「債務確定基準」を採用しています。したがって，会計上の引当金の設定要件を満たしているものであっても，債務として確定していない限りは，その費用又は損失を見越して損金にすることはできません。

法人税法上は，次の要件を満たした場合に，債務が確定したことになります。

---

①　その事業年度終了の日までにその費用に係る債務が成立していること

②　その事業年度終了の日までにその債務に基づいて具体的な給付をすべき原因となる事実が発生していること

③　その事業年度終了の日までにその金額を合理的に算定することができるものであること

企業会計上の引当金であることを理由に，法人税法上も引当金としてその繰入額を損金の額に算入することは，原則として認められていませんが，会計慣行などを考慮し，法人税法は別段の定めを設けて，①貸倒引当金及び②返品調整引当金に限り損金算入限度額を規定したうえで，その繰入額の損金算入を認めています。

法人税法上は，賞与引当金や退職給付引当金の計上を禁止しているわけではありません。損金算入が認められていないだけです。本指針の引当金の設定要件を満たすものは，損金算入限度額の規定があっても，引当金を設定する必要があります。

法人税法上の引当金の設定要件等
① その事業年度の確定した決算において損金経理をしていること
② 法人税法で定められた損金算入限度額の範囲内でのみ損金算入が認められること
③ その事業年度の確定申告書に明細書の記載があること

Ⅳ 会計，商法及び税法上の引当金の対比

引当金について，会計，商法及び税法の関係は，本指針の第49項(3)のようになります。なお，表の（注）において，「（注）引当金の部に計上しない場合は，法的債務と区別するために注記が必要である。」としているのは，修繕引当金及び特別修繕引当金等については，貸借対照表の引当金の部に計上しない場合があり，その場合には本来の法的債務と区別する必要があることから，注記を求めるという趣旨です。

引当金について，会計，商法及び税法の設定要件を対比させると次のようになります。

SECTION 1　指　針　編

会　　　計	商　　　法		税　　　法
将来の特定の費用又は損失に関するものであること	特定の支出又は損失に備えるためのものであること	原則	内国法人の各事業年度の所得の金額の計算上当該事業年度の損金の額に算入すべき金額は，別段の定めがあるものを除き，当該事業年度の販売費，一般管理費その他の費用（償却費以外の費用で当該事業年度終了の日までに債務の確定しないものを除く）の額とする。
その発生が当期以前の事象に起因していること	その営業年度の費用又は損失とすることを相当とする額であること		
発生の可能性が高いこと			
その金額を合理的に見積もることができること	貸借対照表の負債の部に計上することができるものであること	別段の定め	貸倒引当金（貸倒引当金の項を参照） 返品調整引当金 ①　出版業，医薬品等製造業・卸売業等であること ②　買戻し特約を締結していること ③　損金経理をしていること ④　確定申告書に明細書の記載があること等

② 表　　　示　》 P. 228, CASE 22　CASE 23

> 50.　表示
> (1)　引当金は，その計上の目的を示す適当な名称を付して記載しなければならない。
> (2)　引当金の繰入額は，その引当金の目的等に応じて，損益計算書において，売上高の控除項目，製造原価，販売費及び一般管理費又は営業外費用として，その科目を付して計上する。

　商法上及び会計上，賞与引当金の表示については次のように規定されています（商規43, 76, 86, 企業会計原則注解17, 18）。法人税法上の規定はありません。実務上は，商法上の表示によります。

	種　　類	商　法　上	会　計　上
①	貸倒引当金	資産の部において、「控除形式」で表示します。	
②	その他の引当金	負債の部の「引当金の部」に表示します。ただし、商法施行規則43条の引当金を「引当金の部」に記載しない場合は、他の債務と区別する必要から注記します。	負債の部に表示します。支出が見込まれる時期により、「流動負債」又は「固定負債」の別があります。
③	法令の規定により負債の部への計上が強制される引当金又は準備金で、他の部に記載することが相当でないもの	引当金の部にその法令の条項を付記して記載します。例：電気事業法の渇水準備金、保険業法の異常危険準備金等	原則として引当金と同様に取り扱います（監査第一委員会報告第42号参照）。

表示例は次の通りです。

資　産　の　部 　流　動　資　産 　　貸　倒　引　当　金（△） 　固　定　資　産 　（投資その他の資産） 　　貸　倒　引　当　金（△）	負　債　の　部 　流　動　負　債 　　賞　与　引　当　金 　固　定　負　債 　　退職給付引当金

③ 賞与引当金の計上額　» P. 231, CASE 24

51．賞与引当金の計上額

　翌期に支給する賞与の見積額のうち、当期の負担に属する部分の金額は、賞与引当金として計上しなければならない。

　なお、本指針においては、賞与について支給対象期間の定めのある場合、又は支給対象期間の定めのない場合であっても慣行として賞与の支給月が決まっているときは、次の平成10年度改正前法人税法に規定した

支給対象期間基準の算式により算定した金額が合理的である限り，この金額を引当金の額とすることができる。

（参考：平成10年度改正前法人税法）

$$繰入額 = \left(\frac{前1年間の1人当たりの使用人等に対する賞与支給額 \times \frac{当期の月数}{12} - 当期において期末在職使用人等に支給した賞与の額で当期に対応するものの1人当たりの賞与支給額}{} \right) \times 期末の在職使用人等の数$$

I 引当金に関する税制改正

　平成9年度までは，法人税法の別段の定めにより損金算入が認められていた引当金は，①貸倒引当金，②返品調整引当金，③賞与引当金，④退職給与引当金，⑤製品保証等引当金，及び⑥特別修繕引当金の6つの引当金がありました。

　平成10年度税制改正により，製品保証等引当金，賞与引当金が廃止されました（平成10年4月1日以後開始する事業年度から段階的に縮減され，平成15年4月1日以後開始事業年度で全廃となっています）。また，特別修繕引当金は，特別修繕準備金に移行しました。

　さらに平成14年度改正で退職給与引当金が廃止されました（平成14年4月1日以後開始事業年度から廃止され，取崩について経過措置が設けられています）。

　以上の経緯をまとめると次のようになります。

	引当金の種類	平成10年度税制改正	平成14年度税制改正
①	貸倒引当金	（存　続）	
②	返品調整引当金	（存　続）	
③	賞与引当金	廃止（経過措置あり）	－
④	退職給与引当金	段階的縮減	廃止（経過措置あり）
⑤	製品保証等引当金	廃止（経過措置あり）	－
⑥	特別修繕引当金	準備金制度に移行	－

Ⅱ 賞与引当金の計上

　損金算入されないからといって引当金の計上を見合わせると，企業の適正な期間損益計算が行われず，財政状態も適正に表示されないことになります。賞与引当金に限らず，各企業の実態に応じて他の引当金についても計上することが必要ですが，本指針は，中小企業でも馴染みのある賞与引当金について一項目を設けることにより，賞与引当金の計上を積極的に求めることとしています。

　従業員の賞与は給与の後払い的な性格を有していると考えられ，支給時期や支給対象期間が給与規程などで定められていることが多く，支給対象期間の経過とともに発生している費用であるとした方が合理的です。たとえ賞与の支給が翌期であっても当期の負担とすべき金額は当期の費用とすべきであり，その金額を見積計上したものが賞与引当金です。

　賞与引当金の見積りは，給与規程や労働協約等に基づき，営業成績等を勘案して合理的に算定しなければなりません。また，旧法人税法第54条では賞与引当金の繰入限度額につき，暦年基準と支給対象期間基準を定めていました。

暦年基準	1月から12月までの賞与を盆と暮れに支給するという考え方です。1月から6月までの賞与を盆に，7月から12月までの賞与を暮れに，それぞれ支給すると考えると，例えば9月決算の会社では期末において7月から9月までの賞与はまだ支給していないことになり，この3か月分を基に引当金を計上するものです。
支給対象期間基準	「4月から9月の期間に対応する賞与を12月に支給し，10月から翌3月の期間に対応する賞与を7月に支給する」などの賞与の支給規程がある場合，期末時点でまだ支給されていないもので経過した対象期間に対応する金額を基にして引当金を計上するものです。

　本指針は，中小企業のコスト・ベネフィットの観点から，次の場合には，平成10年度改正前法人税法に規定する「支給対象期間基準」により計算した繰入限度額の金額をもって賞与引当金の繰入額とすることを認めています。

SECTION 1　指針編

> ①　賞与について支給対象期間に関する規定がある場合，又は支給対象期間の規定がない場合であっても賞与の支給月が慣行として認められるとき
> ②　支給対象期間基準に基づく繰入限度額が合理的である場合

Ⅲ　賞与引当金と未払賞与等の相違

　従業員に対する賞与引当金と未払賞与等については，次のように取扱いの差があります（リサーチ・センター審理情報No.15）。

区　　　　分		当期に帰属する額の表示
従業員への賞与支給額が確定している場合	賞与支給額が支給対象期間に対応して算定されている場合	未 払 費 用
	賞与支給額が支給対象期間以外の基準に基づいて算定されている場合（成功報酬的な賞与等である場合）	未　払　金
従業員への賞与支給額が確定していない場合		賞与引当金

　法人税法上は，使用人に対して支給される賞与で，次のすべての要件を満たすものについては，未払であっても，使用人にその支給額を通知した日の属する事業年度の損金の額に算入されます（法令134の2）。貸借対照表上の科目は，原則として未払費用（未払賞与）になります。

> ①　支給額を各人別に，かつ，同時期に支給を受けるすべての使用人に対して通知していること
> ②　通知日の属する事業年度終了の日の翌日から1か月以内に支払っていること
> ③　通知日の属する事業年度で損金経理していること

【関連項目】
商法施行規則第43条，第76条，第86条
企業会計原則　第三・四，注解18
法人税法第22条3項，第53条

11 退職給付債務・退職給付引当金

≫ P.234, CASE 25

退職給付債務・退職給付引当金

> 要　点
> ➤ 確定給付型退職給付制度（退職一時金制度，厚生年金基金，適格退職年金及び確定給付企業年金）を採用している場合は，原則として簡便的方法である退職給付に係る期末自己都合要支給額を退職給付債務とする方法を適用できる。
> ➤ 中小企業退職金共済制度，特定退職金共済制度及び確定拠出型年金制度を採用している場合は，毎期の掛金を費用処理する。

1 退職給付制度

> 52. 退職給付制度
> 　　就業規則等の定めに基づく退職一時金，厚生年金基金，適格退職年金及び確定給付企業年金の退職給付制度を採用している会社にあっては，従業員との関係で法的債務を負っていることになるため，引当金の計上が必要となる。

I 退職給付会計基準の導入と目的

(1) 退職給付の原則

　退職金に関する事項は，就業規則の相対的必要記載事項です。企業が従業員に退職金を支給する場合には，就業規則に記載する必要があります。また，就業規則とは別に退職金規程により定めることも認められています（労働基準法

89①三の二)。すなわち，就業規則等の定めに基づく退職一時金，厚生年金基金，適格退職年金及び確定給付企業年金の退職給付制度を採用している会社は，従業員との関係で法的債務を負っていることになります。

退職金規程等により退職金制度を設けている企業 ⇒ 商法上の条件付債務として，引当金の計上が必要

(2) 従来の問題点とその解決

退職給付会計基準の導入前は，退職給付制度を包括的に取り扱う会計基準が存在しませんでした。そのため，大企業の場合は，企業自らが直接給付を行う部分については，税法基準に従って退職給与引当金を設定する一方で，過去勤務債務の償却年数や年金資産の運用の予定利率等が考慮されないまま拠出した掛金をそのまま費用計上している企業が多数でした。それで，次のような問題点が指摘されていました。

> 退職給付債務の認識と測定の方法が統一されていないので，投資家や債権者等の利害関係者に対して企業が実際に負担することとなる退職給付の現在価値が適正に表示されていない。

また，次のような外部環境の変化等もありました。

> ① 年金資産の運用利回りが低下して，年金資産の積立不足が生じ，多額の簿外負債を認識する必要性が発生した。
> ② 平成10年度税制改正により，平成10年4月1日から開始する事業年度から退職給与引当金が廃止（経過措置により縮減）され，税法基準に基づいた会計処理ができなくなった。
> ③ 国際会計基準や米国の財務会計基準等のグローバルな基準と調和を図る必要性が従来から指摘されていた。

そこで，企業会計審議会が平成10年6月16日に退職給付に係る会計基準（以下，「退職給付会計基準」といいます）を公表した後，公認会計士協会その他の関係機関から各種の基準や意見書等が相次いで出され，退職給付会計に係る基本

的な取扱いが整備されるに至りました。その結果，公開企業については，平成12年4月1日以降開始する事業年度から退職給付会計基準が適用されています。

(3) 退職給付会計基準の目的

この退職給付会計基準の目的は，企業の負担する退職給付債務について適正な会計処理を行い，国際的にも通用する会計処理及びディスクロージャーを整備することにあります。

退職給付会計基準の概要・特徴は次のようなものです。

> ① 従来，別個のものとして取り扱われてきた退職一時金制度と企業年金制度は，いずれも退職給付としてとらえ，一元的に認識している。
> ② 発生主義の考え方を一歩前進させ，掛金の拠出時に費用処理するのではなく，退職給付コストが発生した時点で費用として処理することとしている。
> ③ 退職給付債務の計算において，割引率，退職率（脱退率），昇給率等の予測数値が用いられることとなった。
> ④ 計算書類での表示が，貸借対照表では「退職給付引当金」，損益計算書では「退職給付費用」に統一された。

Ⅱ 経過措置

退職給付債務の金額は，通常の場合，企業が平成9年度以前に引当てをしていた期末要支給額の40％相当額よりも大きい上に，割引率が1％前後である最近の低金利の状況下においては（割引率は，長期の国債等「安全性が高い長期の債権」の利回りを考慮して決定されることになっています），退職給付債務の金額が過大に表示される結果となります（反対に割引率が高い場合は，期末に表示する将来の退職給付債務の金額は小さくなります）。このことは企業の財務体質を過小に表示することにつながりかねません。

そこで，このように退職給付会計基準を導入することは，企業会計に多大の影響を与えることが予想されますので，会計処理の見直しによる影響額（ほと

んどの場合，退職給付債務の積立不足となっています）は15年以内に費用処理すればよいとする経過措置が講じられています。

Ⅲ 小規模企業等の簡便法

　退職給付会計基準によりますと，退職給付債務の金額を算定するには，個々の従業員に係る退職給付見込額の計算から始まり，割引率，期待運用収益率，退職率，死亡率及び予定昇給率等といった数理計算に必要な予測数値を決定しなければなりません。

　しかし，これらの計算には事務負担を伴うことから，従業員数が300名未満の小規模企業等については，退職給付債務の計算方法について簡便な方法を用いることが認められています。

② 確定給付型退職給付債務の会計処理－原則法

> 53. 確定給付型退職給付債務の会計処理－原則法
> 　　退職時に見込まれる退職給付の総額のうち，期末までに発生していると認められる額を一定の割引率及び予想残存勤務期間に基づいて割引計算した退職給付債務に，未認識過去勤務債務及び未認識数理計算上の差異を加減した額から年金資産の額を控除した額を退職給付に係る負債（退職給付引当金）として計上する。

Ⅰ 退職給付債務と退職給付引当金

(1) 退職給付債務の意義

　退職給付債務とは，退職時に見込まれる退職給付の総額（退職給付見込額）のうち期末までに発生していると認められる額を，一定の割引率及び現在から予想される退職時までの期間（残存勤務期間）に基づいて割引計算して算定される金額をいいます。この退職給付には，「退職一時金と退職年金等」がその典型

であるとされています。

なお，役員に対する退職給付については，労働の対価との関係が必ずしも明確でないことから，退職給付会計の対象外となっています。

(2) 退職給付引当金の意義

退職給付引当金とは，就業規則及び労働協約等に基づいて，企業が従業員に退職給付を行うことを約束している場合に，将来の退職給付のうち当期の負担に属する額を当期の費用として計上する場合に生じる貸方項目をいいます。

Ⅱ　退職給付債務と退職給付引当金との関係

企業の設立当初を想定すると，従業員の勤務による退職給付債務が発生していませんので，退職給付債務の金額と退職給付引当金の金額とはゼロで一致しています。その後，従業員の勤務という事実が発生し，勤務期間が増加することによって退職給付見込額も増加することになります。また企業が企業年金制度等を採用すると，年金資産が変動（増加又は減少）し，通常は，その年金資産からの収益が見込まれ，その結果，退職給付債務の額と退職給付引当金との金額に乖離が生じることになります。すなわち企業が認識する退職給付債務の金額と企業が財務諸表において表示する退職給付引当金の金額が相違することになります。

このことを，次の簡略化した例に基づいて考えてみることにします。

(1) 前事業年度末の金額

①	退職給付債務	10,000	（債務として認識すべき金額）
②	年金資産	1,000	（外部積立されている金額）
③	退職給付引当金	9,000	（貸借対照表の負債の部の金額）

◆　期中においては，財務会計上の記録（仕訳）は原則として行われません。

◆　退職給付債務は計算上の概念ですので財務諸表上では表示されません。

◆　年金資産は，企業が外部の年金基金等に拠出した外部積立資産ですので，帳簿上，オフ・バランスとなっており，個別に管理され，その金額は公平

な評価額によります。

◆ 退職給付引当金の金額は，事業年度末に退職給付債務の金額及び年金資産の公平な評価額が測定・認識されることによって，確定することになります。すなわち，退職給付債務の金額（10,000）から年金資産の公正な評価額（1,000）を控除した金額（9,000）が退職給付引当金となります。

(2) 当事業年度末の処理

次の①〜⑧の金額は，事業年度末における退職給付引当金の金額又は当期中における退職給付費用の金額を算定するための計算過程です。財務会計上の帳簿等に記録されることはありません。

① 期首の退職給付債務　　　　10,000

事業年度が経過する間に，退職給付の額が増加し，年金資産からの収益等が発生することによって，期首の退職給付債務の金額が変動しますので，事業年度末に計上されるべき退職給付引当金の金額も変動することになります。

② 勤務費用　　　　　　　　　500

勤務費用とは，1期間の労働の対価として発生したと認められる退職給付をいい，割引計算により測定されるものをいいます。1年間で増加した退職給付の金額を期末時点の金額に割引をして計算したものです（以下，割引計算等に係る計算過程は示さずに，結果の数値のみを示すことにします）。

③ 利息費用　　　　　　　　　200

利息費用とは，割引計算により算定された期首時点における退職給付について，期末までの時の経過により発生する計算上の利息をいいます。

④ 事業年度末における退職給付債務　　①＋②＋③＝10,700
⑤ 期首における年金資産の公正な評価額　　　　　　1,000
⑥ 同上の事業年度末における公正な評価額　　　　　990
⑦ 年金資産からの期待運用収益　　　　　　　　　　30

⑧	事業年度末における年金資産	⑥+⑦=1,020
⑨	事業年度末におけるあるべき退職給付引当金	④−⑧=9,680
⑩	期首の退職給付引当金	9,000
⑪	退職給付費用	⑨−⑩= 680

　上記⑪が当期において新たに引き当てるべき退職給付引当金の金額となり，仕訳は次のようになります。

　　（借）退職給付費用　　680　　（貸）退職給付引当金　　680

図解すると，概略次のようになります。

⑤年金資産の期首評価額 1,000	⑥年金資産の期末評価額990（⑤−⑥=10の年金資産の評価減が発生）	⑧期末の年金資産 1,020	④期末の退職給付債務 10,700	①期首の退職給付債務 10,000
	⑦期待運用収益 30			
	⑩期首退職給付引当金 9,000	⑨期末退職給付引当金 9,680		②+③=700 1年間で増加した勤務費用等
	⑪退職給付費用 680			

(3) 事業年度末の金額

　上記の結果，事業年度末の各項目の金額は次のようになります。

①	退職給付債務	10,700	（計算上の数値）
②	年金資産	1,020	（外部積立でオフ・バランス）
③	退職給付引当金	9,680	（貸借対照表の負債の部）
④	退職給付費用	680	（損益計算書）

　なお，現在の財務諸表で表示されている退職給付引当金の金額は，前述のと

おり15年の経過措置がありますので，退職給付債務の金額から年金資産の金額を控除した金額とは必ずしも一致しているとは限りません。

③ 確定給付型退職給付債務の計算方法－簡便的方法

> **54. 確定給付型退職給付債務の計算方法－簡便的方法**
> 　退職一時金制度の場合，退職給付に係る期末自己都合要支給額をもって退職給付債務とすることは，会社が自ら計算することができる方法である。
> 　確定給付型の企業年金制度であっても，通常，支給実績として従業員が退職時に一時金を選択することが多い。この場合には，退職一時金制度と同様に退職給付債務を計算することができる。

I　原則法の問題点等

　原則法に基づいて，退職給付債務を合理的に算定することは，多くの中小企業にとって困難であり，年金数理人（アクチュアリー）のような専門家に託さざるを得ないのが現実であると思われます。そして，従業員の数が比較的少ない小規模企業等に，「53．確定給付型退職給付債務の会計処理－原則法」を適用することは，次のような問題点や疑問点があると指摘されています。

問題点・疑問点	内　　　　容
相当な事務負担を要する。	退職給付会計では，退職給付債務の計算に当たっては数理計算を用いることが前提となっています。しかし，小規模企業等の場合は，退職給付債務の算定のために数理計算の専門家を配置したり養成したりすることは，ほとんど不可能です。仮に可能であったとしても，コスト・ベネフィットの観点から現実的な選択とも思えません。
合理的な数理計算結果を得ることが困難である。	退職給付債務の計算は，個別の従業員に対する退職給付債務を確定することが目的ではなく，いわゆる「大数の法則」（数理計算を統計的に行う手法のことをいいます）に基づいたその企業にとっての退職給付債務の総額を確定することが目的です。 　従業員の数が少ない小規模企業の場合は，「大数の法則」に基づいた合理的な数理計算による退職給付債務の金額を必ずしも入手できないことが考えられます。
退職給付債務が重要でない場合がある。	小規模企業の場合は，大企業等に比べて退職金の金額が少ない傾向があり，継続勤務年数も比較的短い場合が多いことから，退職給付引当金として計上しなければならない財務数値自体に重要性が乏しい場合があります。

II　簡便法の選択適用

　そこで，小規模企業等の場合には，簡便的な方法によって算定することを認めるとしたのです。ただし，小規模企業等であっても，原則法を適用することは当然に認められます。

　退職給付会計に関する実務指針（中間報告）では，次のように示されています。

区　分・変　更	会　計　処　理　方　法
従業員数300名以上の企業	原則法を適用する。
従業員数300名未満の企業 （小規模企業等）	簡便法を適用することができる。
変　　　更	簡便法から原則法への変更は認められる。 原則法から簡便法への変更は，従業員数が著しく減少した場合を除き，認められない。

なお，この300人の従業員数をもって区分する根拠は，数理計算に用いられる基礎率推定の有効性を統計的に検証した結果であるとされています。

Ⅲ 簡便法による計算方法

簡便法による計算方法は次の3つの場合に分けて計算します。

> ① 退職一時金制度を採用している場合
> ② 企業年金制度を採用している場合
> ③ 退職一時金制度の一部を適格年金制度等に移行している場合

多くの中小企業においては，企業年金制度を採用していたり退職一時金制度の一部を適格年金制度に移行している場合は少ないと思われます。したがって，退職一時金の場合についてのみ説明することにします。

退職一時金制度の場合の簡便法には，次のものがあります。

(1) 比較指数に基づく方法

【計算式】

> 退職給付債務＝期末自己都合要支給額×比較指数

【方 法】

① 退職給付会計基準の適用初年度の期首において，退職給付債務の額を原則法に基づいて算定します。
② 上記の退職給付債務の額(a)と適用初年度の期首における自己都合要支給額(b)との比（比較指数 a／b）を求めます。
③ 各期末において，この比較指数を期末自己都合要支給額に乗じて退職給付債務の額を算定します。

【特　徴】

メリット	① 簡便法の中では最も原則法に近い数値となります。
デメリット	① 当初に原則法に基づいた数理計算をしておく必要があります。 ② 比較指数がほぼ一定であるという前提に基づいています。したがって，翌年度以降において基礎率等に重要な変動が生じた場合は，比較指数を再計算する必要があります。

(2) 割引率・昇給率に基づく方法

【計算式】

退職給付債務＝期末自己都合要支給額×割引率係数×昇給率係数

【方　法】

① 平均残存勤務期間に対応する割引率及び昇給率を決定します。
② 割引率係数及び昇給率係数は，退職給付会計に関する実務指針（中間報告）の【資料5－1】及び【資料5－2】で資料として公表されていますので，この数値を用いることになります。

【特　徴】

メリット	① 原則法による計算を行う必要がありません。 ② 昇給率・割引率をある程度反映させることができます。
デメリット	① 昇給率を概算でも見込めない企業の場合は，実態と乖離する危険性があります。 ② 中小企業の場合は，昇給モデルが当初から存在しない場合がほとんどです。

(3) 自己都合要支給額を用いる方法

【計算式】

退職給付債務＝期末自己都合要支給額×100％

【方　法】

退職給付に係る期末自己都合要支給額そのものを退職給付債務とします。

【特　徴】

メリット	① 算定が簡便であり，実務的にもなじみやすい。 ② コスト・ベネフィットの観点で，中小企業に受け入れられやすい。
デメリット	① 実態と乖離する危険性があります。 ② 割引率・昇給率に基づく方法よりも計算精度が劣ります。

(4) 本指針の立場

　本指針は，「退職一時金制度の場合，退職給付に係る期末自己都合要支給額をもって退職給付債務とすることは，会社が自ら計算することができる方法である。」として，上記の３つの簡便法のうち，「自己都合要支給額を用いる方法」を採用しています。これは，現実に簡便法を採用している場合，この方法が最も多く採用されていることを意識したものと思われます。すなわち，退職給付に係る自己都合要支給額をもって退職給付債務とすることになります。

　また，中小企業の場合においても，一部の企業は，確定給付型の企業年金制度を採用しています。この場合においても，企業年金と一時金との選択性になっており，通常，支給実績として従業員が退職時に一時金を選択することが多いようです。このことから，本指針は，「確定給付型の企業年金制度であっても，通常，支給実績として従業員が退職時に一時金を選択することが多い。この場合には，退職一時金制度と同様に退職給付債務を計算することができる。」として，簡便法の「自己都合要支給額を用いる方法」を採用することを可能としています。中小企業への配慮がなされた規定です。

4 中小企業退職金共済制度等の会計処理

> 55．中小企業退職金共済制度等の会計処理
> 　　中小企業退職金共済制度，特定退職金共済制度及び確定拠出年金制度のように拠出以後に追加的な負担が生じない外部拠出型の制度について

は，当該制度に基づく要拠出額である掛金をもって費用処理する。ただし，退職一時金制度等の確定給付型と併用している場合には，それぞれ会計処理する必要がある。

なお，退職一時金の一部を中小企業退職金共済制度等から支給する制度の場合には，期末自己都合要支給額から同制度より給付される額を除いた金額によることとなる。

Ⅰ 中小企業退職金共済制度等

目　　的	①　中小企業退職金共済制度とは，企業が単独で退職金制度を設けることが困難な中小企業に対して，企業の相互共済と国の財政的支援によって退職金制度を提供するものです。中小企業の振興に寄与するのみならず，中小企業の従業員の福利厚生の増進にも資するものです。 ②　特定退職金共済制度及び確定拠出型年金も中小企業退職金共済制度とほぼ同様の目的により設けられた制度です。
仕組み	勤労者退職金共済機構と中小企業とが，その中小企業の従業員ごとに退職金共済契約を締結し，企業が毎月一定の掛金を納付（拠出）すると，従業員が退職した際に，勤労者退職金共済機構からその従業員に直接退職金が支給されます。
特　　徴	勤労者退職金共済機構から退職した従業員に支払われる退職金に関して，企業が追加的に負担をすることはありません。

Ⅱ 処　　理

中小企業退職金共済制度等，将来の追加拠出が生じない制度を採用している会社にあっては，毎期に支払うべき掛金を費用処理します。この処理は，退職給付に係る会計基準の公表の前後で変わることはありません。また，会計上の処理は法人税法上の取扱いと同じですので，申告上の調整は不要となります。

Ⅲ 退職一時金と併用している場合

退職一時金と中小企業退職共済制度等を併用している場合は，次のように取

り扱うことになります。

区　　　分	処　　　理
中小企業退職金共済制度等に基づく部分	当該制度に基づく要拠出額である掛金を費用処理します。
退職一時金に基づく部分	①　確定給付型退職給付債務の会計処理に基づいて処理します。 ②　①の場合，原則的方法及び簡便的方法の選択が可能です。 ③　中小企業の会計に関する指針では，「自己都合要支給額を用いる方法」を簡便法としています。

Ⅳ　退職一時金の一部としている場合

　中小企業退職金共済制度等は，年金方式で受給する方法と退職一時金で受給する方法を選択することができます（一定の制約はあります）。そして，退職一時金の一部を中小企業退職金共済制度等からの退職一時金で支給することとしている場合には，次のように取り扱います。

> 退職給付債務＝期末自己都合要支給額
> 　　　　　　　－中小企業退職金共済制度等からの退職一時金

　退職一時金で受給を受けるものとした場合の金額を用いて退職給付債務を算定します。しかし，中小企業退職金共済制度等に基づく退職金の受給者が，退職時に退職一時金と退職年金のいずれの方式で支給を受けるのかは，本人の選択の問題であり，退職給付債務の算定に当たり関係はありません。

5　退職金規程がなく，退職金等の支払に関する合意も存在しない場合

> 56．退職金規程がなく，退職金等の支払に関する合意も存在しない場合
> 　　退職金規程がなくかつ退職金等の支払に関する合意も存在しない場合

> には，退職給付債務の計上は原則として不要である。
> 　ただし，退職金の支給実績があり，将来においても支給する見込みが高く，かつ，その金額が合理的に見積もることができる場合には，重要性がない場合を除き，引当金を計上する必要がある。この場合，退職金の支払について法的債務を負っていないため，商法施行規則第43条の引当金として扱うことが妥当と考えられる。

Ⅰ 原　　則

　中小企業には，退職金規程がなく，退職金等の支払に関する合意が存在しない場合が多くあります。このような場合は，退職金の支払に関して法的債務を負っていないので，退職給付債務の計上は原則として不要となります。

Ⅱ 例　　外

　次の３つの要件を満たした場合は，退職金規程や退職金等の支払に関する合意がない場合であっても，退職給付引当金を計上する必要があります。

① 　退職金の支給実績があること
② 　将来においても支給する見込みが高いこと
③ 　その金額が合理的に見積もることができる場合であること

　もっとも，その金額について重要性がない場合は，退職給付引当金を計上する必要はありません。

6 特　　則

> 57. 特則
> 　　退職給付引当金を計上していない場合，一時に処理することは，財政

> 状態及び経営成績に大きな影響を与える可能性が高い。そのため，本指針適用に伴い新たな会計処理の採用により生じる影響額（適用時差異）は，通常の会計処理とは区分して，本指針適用後，10年以内の一定の年数又は従業員の平均残存勤務年数のいずれか短い年数にわたり定額法により費用処理することができる。この場合には未償却の適用時差異の金額を注記する。

Ⅰ 特則の位置づけ

　退職給付引当金を計上すべきであるにもかかわらず，退職給付引当金を計上していない企業は，中小企業会計指針の「52．退職給付制度」から「56．退職金規程がなく，退職金等の支払に関する合意も存在しない場合」までを適用して，退職給付引当金を一時に計上することが必要です。本来であれば，退職給付引当金を計上する必要のある企業は，例外なくすべて退職給付引当金を計上しなければならないことになります。

　しかし，原則法又は簡便法のいずれを用いた場合においても，一時に費用及び負債として計上することは，中小企業の財政状態及び経営成績に大きな影響を与える可能性が高いと思われます。

　そこで，中小企業会計指針は，「57．特則」を設け，中小企業への配慮を行っています。

Ⅱ 激変緩和措置

(1) 公開企業等の場合

　退職給付会計基準は，原則として，平成12年4月1日以後開始する事業年度から適用されます。そして，退職給付会計基準の適用初年度の期首において，次の金額が「会計基準変更時差異」(変更時差異) として認識されます。

> 会計基準変更時差異 ＝ 退職給付会計基準による未積立退職給付債務 － 従来の会計基準により計上された退職給与引当金等

この変更時差異は，「52.退職給付制度」の「Ⅱ　経過措置」で述べましたように，15年以内の一定の年数を会社が定め，その期間で定額で処理していくことが認められています。

(2) 中小企業の場合

中小企業会計指針の適用対象となる中小企業の場合は，中小企業会計指針の適用に伴い新たな会計処理の採用により生じる影響額を「適用時差異」として認識します。

「本指針適用に伴い新たな会計処理の採用により生じる影響額（適用時差異）は」の箇所は，「中小企業会計指針を適用した場合において，その適用に伴い新たな会計処理を採用し，その結果，適用時差異が発生したときは」と読むことが妥当であると思われます。

また，退職給付会計基準と異なり，適用事業年度が明示されていない点にも留意が必要です。

(3) 適用した場合の処理

中小企業会計指針の適用し，新たな会計処理の採用により適用時差異が生じたときは，その適用時差異は，その適用後，10年以内の一定の年数又は従業員の平均残存勤務年数のいずれか短い年数にわたり定額法により費用処理することができるとしています。そして，適用時差異のうち未償却の部分の金額を注記しなければなりません。

なお，いったん適用した場合には，継続的に定額法により費用として処理することが必要となります。この処理方法は，原則として変更することはできないと考えられます。ただし，適用初年度に在職した従業員がその後に大量に退職したような場合には，費用処理する年数を見直したり，一時償却を検討したりすることになります。

11 退職給付債務・退職給付引当金

【関連項目】
　退職給付に係る会計基準
　会計制度委員会報告第13号「退職給付会計に関する実務指針（中間報告）」

12 税金費用・税金債務

税金費用・税金債務

> 要 点
> ➢ 法人税，住民税及び事業税に関しては，現金基準ではなく，発生基準により，当期に負担すべき金額に相当する額を損益計算書に計上する。
> ➢ 決算日後に納付すべき税金債務は，相当額を流動負債に計上する。

1 法人税，住民税及び事業税

> 58. 法人税，住民税及び事業税
> 　当期の利益に関連する金額を課税標準として課される法人税，住民税及び事業税は，発生基準により当期で負担すべき金額に相当する金額を損益計算書において，「税引前当期純利益（損失）」の次に「法人税，住民税及び事業税」として計上する。また，決算日時点における未納付の税額は，その金額に相当する額を「未払法人税等」として貸借対照表の流動負債に計上し，還付を受けるべき税額は，その金額に相当する額を「未収還付法人税等」として貸借対照表の流動資産に計上する。
> 　なお，更正，決定等により追徴税額及び還付税額が生じた場合で，その金額に重要性がある場合には，「法人税，住民税及び事業税」の次に，その内容を示す適当な名称で計上しなければならない。

I 損益計算書の表示

　当期の法人税，住民税及び事業税は，企業が事業活動を行っていく過程で発

生するもので，会計上は費用として認識しますので，発生基準に基づき，当期に負担すべき金額に相当する金額を，損益計算書の「税引前当期純利益（損失）」の次に，「法人税，住民税及び事業税」として計上します。

「税引前当期純利益（損失）」となっているのは，「法人税，住民税及び事業税」は，「税引前当期純損失」の次に表示されることもあるからです。例えば，次のような場合です。

当期純損失	－1,000,000
別表四の加算項目	＋2,500,000
別表四の減算項目	－　800,000
所得金額	700,000
法人税，住民税及び事業税	280,000

法人税及び住民税は，会計上は当期の費用であっても，損金の額に算入されません。これに対して事業税は，会計上の費用であると同時に法人税法上も損金の額に算入されますが，損金に算入される時期について，納税申告書が提出された日の属する事業年度の損金の額に算入する取扱いとなっています（法基通9－5－1）。

このことから，中小企業の一部には，損益計算書の「税引前当期純利益（損失）」の次の項目を「法人税，住民税及び事業税」ではなく，「法人税及び住民税」とし，事業税については，現金基準に基づいて納付時に租税公課として計上することによって，会計上の費用及び法人税法上の損金としている事例があるようです。中には，「法人税，住民税及び事業税」の金額を概算で計上したり，損益計算書ではなく利益処分計算書で行っている事例もあると聞きます。これらの場合は，直ちに処理と表示の見直しが必要です。

なお，関連項目で示している監査委員会報告第63号「諸税金に関する会計処理及び表示と監査上の取扱い」は，平成11年4月1日以後終了する事業年度からは，事業税を現金基準ではなく，発生基準に基づく会計処理によることになる旨を示しています。

平成16年4月1日以後に開始する事業年度より,資本金1億円超の法人については,法人事業税の外形標準課税制度が導入されています。外形標準課税の適用を受ける法人の事業税は,次のように取り扱います(日本公認会計士協会,実務対応報告第12号「法人事業税における外形標準課税部分の損益計算書上の表示についての実務上の取扱い」平成16年2月13日)。

事業税の内訳	表　　示　　等
所　得　割	「法人税,住民税及び事業税」に含めて計上します。
付加価値割	原則として,販売費及び一般管理費に計上します。ただし,合理的な基準にもとづいて売上原価(当期製造費用)に配分することもできます。
資　本　割	事業税として表示するか,又は租税公課に含めて計上することになります。

外形標準課税に係る事業税のうち,資本割及び付加価値割の部分については,税効果会計適用時の法定実効税率の計算には含めない取扱いになっています(日本公認会計士協会,「法人事業税における外形標準課税制度の導入に伴う税効果会計適用上の取扱い」平成15年3月25日)。

Ⅱ 貸借対照表の表示

中小企業の一部では,上記で指摘したように,決算日時点における未納付の税額が適切に表示されていない場合があります。今後は,本指針に従って,期末未納税額に相当する金額を「未払法人税等」として貸借対照表の流動負債に計上することが必要です。

「未払法人税等」については適切に表示されている場合であっても,「未収還付法人税等」の処理について失念している場合があります。上記と同様に,還付を受けるべき税額は,その金額に相当する額を「未収還付法人税等」として貸借対照表の流動資産に計上することが必要です。

Ⅲ 更正，決定等により追徴税額及び還付税額が生じた場合

　更正，決定等により追徴税額及び還付税額が生じた場合は，当期の費用としての「法人税，住民税及び事業税」と前期以前のこれらの費用を区分する必要があることから，「法人税，住民税及び事業税」の次に，その内容を示す適当な名称で計上しなければなりません。

　上記の取扱いをする場合について，監査委員会報告第63号「諸税金に関する会計処理及び表示と監査上の取扱い」は，「重要性が乏しいと認められる場合を除き」としていますが，本指針は，「その金額に重要性がある場合」に限定していることに留意が必要です。中小企業の場合は，「その金額に重要性がある場合」以外の場合は，「法人税，住民税及び事業税」に含めて表示することができます。

　本指針は示していませんが，追徴税額のうち未納税額は，貸借対照表上「未払法人税等」に含めて表示し，還付税額のうち未収額は，重要性の乏しいと認められる場合を除き「未収還付法人税等」等その内容を示す適当な科目で表示することが適切であると考えられます（監査委員会報告第63号を参照）。

② 源泉所得税等の会計処理

> 59. 源泉所得税等の会計処理
> 　　受取配当や利子に関する源泉所得税のうち，法人税法及び地方税法上の税額控除の適用を受ける金額については，損益計算書上，「法人税，住民税及び事業税」に含めて計上する。

　受取配当や利子に関する源泉所得税のうち税額控除の適用を受ける金額については，「法人税，住民税及び事業税」に含めます。

　中小企業において，上述の取扱いをしているケースは少ないと思われますが，期中は，租税公課に含めるなど従前と同様の処理を行い，期末の組替（振替）

仕訳で対応することにより満たされます。

本指針は明記していませんが，法人税法上及び地方税法上の税額控除の適用を受けない部分の金額については，営業外費用として処理します。中小企業の場合は，販売費及び一般管理費の租税公課として処理している場合が多いと思われますが，営業外費用として処理することが適切です。また，税額控除の適用を受けない部分の金額について，重要性が乏しいと認められる場合には，税額控除の適用を受ける金額と同様に処理することができます。

受取配当や利子に関する源泉所得税		取　扱　い	根　　拠
税額控除の適用を受ける部分の金額		損益計算書上，「法人税，住民税及び事業税」に含めて計上します。	本指針・監査委員会報告第63号
税額控除の適用を受けない部分の金額	下記以外	営業外費用として処理します。	監査委員会報告第63号
	重要性が乏しいと認められる場合	損益計算書上，「法人税，住民税及び事業税」に含めて処理することができます。	

③　消費税等の会計処理

> **60. 消費税等の会計処理**
> 　消費税等（地方消費税を含む。）については，原則として税抜方式を適用し，決算日における未払消費税等（未収消費税等）は，未払金（未収入金）に計上する。ただし，その金額の重要性が高い場合には，未払消費税等（未収消費税等）として別に表示する。

消費税等に係る処理については，税抜方式と税込方式があります。本指針は，税抜方式を消費税等の会計処理の原則であるとしています。同時に，本指針は，中小企業の実態を考慮して，税込経理方式も認めています。「本指針の計算書

類の注記の例示」の箇所に次の表示例があります。

> (6) 消費税等の会計処理
> 消費税等の会計処理は，税抜方式（又は税込方式）によっています。

　企業の実態等に則して，税抜方式又は税込方式のいずれかを選択することになります。

　しかし，税込方式の場合は，仮受消費税等及び仮払消費税等の金額を売上，仕入，販売費及び一般管理費等の金額並びに固定資産等の取得金額と区分していません。したがって，税込方式の場合は，税抜方式の場合に比較して，消費税相当額について，売上，仕入，その他の科目の金額が過大に表示されていることになります。その意味において，企業の損益計算に影響を及ぼさない方式である税抜方式の方が適切な会計処理であることはいうまでもありません。

　一方で，消費税等の納税義務が免除されている法人（免税事業者）や非課税資産の譲渡のみを行う法人については，税込方式を採用しなければなりません。ただし，免税事業者であっても，課税事業者になる（戻る）ことが予測されている事業者の中には，2期比較及び各種計数管理等のために，税抜方式を選択している場合があります。財務ソフト等の設定を変更することにより，外部公表する計算書類と経営管理のための資料とを区分する必要があります。

　税抜方式の場合において，未払消費税等の金額が確定すると，次のように仮受消費税等，仮払消費税等との清算仕訳を行うことになります。

　　（借）仮受消費税等　　×××　　（貸）仮払消費税等　　×××
　　　　　　　　　　　　　　　　　　　　未払消費税等　　×××

　この時に発生する貸借差額は，雑収入又は雑損失として，確定した事業年度の益金の額又は損金の額に算入します（平成元年直法2－1通達6）。

　税込方式の場合，納付すべき消費税等の額及び還付を受ける消費税等の額は，消費税等の申告書を提出した日の属する事業年度の損金の額又は益金の額に算入されます。ただし，未払金（法人税法上は，損金経理が要件です）又は未収金に

計上した場合には，その未払金等を計上した事業年度の損金の額又は益金の額に算入されます（平成元年直法2－1通達7・8）。

> 【関連項目】
> 　監査委員会報告第63号「諸税金に関する会計処理及び表示と監査上の取扱い」

13 税効果会計

税効果会計

> **要 点**
> ➢ 税効果会計の適用に当たり，一時差異（会計上の簿価と税務上の簿価との差額）の金額に重要性がない場合には，繰延税金資産又は繰延税金負債を計上しないことができる。
> ➢ 繰延税金資産については，回収可能性があると判断できる金額を計上する。回収可能性の判断は，収益力に基づく課税所得の十分性に基づいて，厳格かつ慎重に行わなければならない。

1 税効果会計　》P.239，CASE 26　CASE 27

61．税効果会計

(1) 税効果会計は，一時差異がある場合，利益を課税標準とする法人税等の額を適切に期間配分することにより，税引前当期純利益と法人税等を合理的に対応させることを目的とする手続である。

(2) 一時差異には，未払事業税，賞与引当金，損金不算入の減損損失等一時差異が解消する期の課税所得を減額する効果を持つ将来減算一時差異と，利益処分による圧縮記帳や資本の部に直接計上されるその他有価証券評価差額金（評価差益）等一時差異が解消する期の課税所得を増額する効果を持つ将来加算一時差異とがある。

(3) 将来減算一時差異に法定実効税率を乗じた金額が繰延税金資産となり，将来加算一時差異に法定実効税率を乗じた金額が繰延税金負債と

> なる。

　本指針は、要点において、税効果会計の適用に当たり、一時差異の金額に重要性がない場合には、繰延税金資産又は繰延税金負債を計上しないことができるとしていることに留意が必要です。

　本指針は、中小企業及び税理士の一部には、税効果会計が日常のものとなっていないことを考慮して、税効果会計の意義、一時差異に将来減算一時差異及び将来加算一時差異があること、並びに繰延税金資産及び繰延税金負債の算定方法についてその概略を示しています。

　「税効果会計に係る会計基準」は、「税効果会計は、企業会計上の資産又は負債の額と課税所得計算上の資産又は負債の額に相違がある場合において、法人税その他利益に関連する金額を課税標準とする税金（以下「法人税等」という。）の額を適切に期間配分することにより、法人税等を控除する前の当期純利益と法人税等を合理的に配分する手続である。」とし、「法人税等の範囲」については、その注解（注1）が、法人税等には、法人税のほか、都道府県民税、市町村民税及び利益に関連する金額を課税標準とする事業税が含まれる、と示しています。

　注解（注2）及び（注3）は、将来減算一時差異及び将来加算一時差異の具体例を次のように示しています（連結会社に関するものを除く）。法人税法上の処理の影響等により、将来加算一時差異の実例は少ないのが特徴です。

将来減算一時差異	将来加算一時差異
・貸倒引当金、退職給付引当金等の引当金の損金算入限度超過額 ・減価償却費の損金算入限度超過額 ・損金に算入されない棚卸資産等に係る評価損	・利益処分により租税特別措置法上の諸準備金等を計上した場合

　賞与引当金の繰入額、役員退職慰労金引当額、有税での貸倒損失額なども将来減算一時差異に含まれます。また、将来の課税所得と相殺可能な繰越欠損金

等は，一時差異と同様に取り扱うことになっています。

　将来減算一時差異及び将来加算一時差異は，将来，その差異が解消されるときに解消される差異ですが，将来解消されない差異のことを永久差異といいます。永久差異の具体的としては，交際費の損金算入限度超過額，受取配当金の益金不算入額，役員賞与の損金不算入額等があります。税効果会計は，一時差異のみを対象とし，永久差異を対象としません。多くの中小企業にとっては，将来減算一時差異の処理を検討する場合の方が多いと思われます。

　将来減算一時差異に法定実効税率を乗じた金額が繰延税金資産となり，将来加算一時差異に法定実効税率を乗じた金額が繰延税金負債となります。

② 繰延税金資産の回収可能性

> **62. 繰延税金資産の回収可能性**
> (1) 繰延税金資産の計上による利益剰余金の増加額については，商法上配当制限の定めがない等の理由により，その回収可能性を厳格かつ慎重に検討することが必要である。
> (2) 繰延税金資産の回収可能性がある場合とは，将来減算一時差異又は税務上の繰越欠損金等が，将来の税金負担額を軽減する効果を有していると見込まれる場合をいい，これ以外の場合には，回収可能性はないものと判断され，繰延税金資産は計上できない。
> (3) 過年度に計上した繰延税金資産についても，その回収可能性を毎期見直し，将来の税金負担額を軽減する効果を有していると見込まれなくなった場合には，過大となった金額を取り崩す必要がある。
> (4) 将来の解消見込年度に相殺しきれなかった将来加算一時差異については，繰延税金資産の回収可能性の判断に当たり，将来減算一時差異と相殺できない。

I 回収可能性

　繰延税金資産は，法人税等の前払的な性格を有することから資産として計上されますが，その計上に際しては，回収可能性に関する予測や見積り等に基づいて行います。

　ところで，商法上，開業費，研究費及び開発費が繰延資産として計上された場合には，それらの金額を配当可能利益に含めないことになっています。これに対して，その資産性が必ずしも確実といえない繰延税金資産については，商法上配当制限の定めがありません。

　そこで，本指針は，繰延税金資産の計上に当たり，「その回収可能性を厳格かつ慎重に検討することが必要である」と注意を促しています。

　本指針は，将来減算一時差異又は税務上の繰越欠損金等が，将来の税金負担額を軽減する効果を有していると見込まれる場合にのみ繰延税金資産の回収可能性があるとし，それ以外の場合は回収可能性はないものと判断して，繰延税金資産を認めていません。

II 取崩等

　繰延税金資産の回収とは，将来に支払う税金が減額されることを意味します。将来に支払う税金の減額が不可能である場合は，資産性が認められませんので，繰延税金資産を計上することができません。すでに計上されている繰延税金資産についても，その回収可能性を毎期見直し，効果が消滅したと認められる部分の金額を取り崩すとしています。仕訳は，次のようになります。

　　　（借）法人税等調整額　　×××　　（貸）繰延税金資産　　×××

　監査委員会報告第66号は，繰延税金資産の回収可能性の判断に関する手順を示しています。本指針は，そのうち，将来の解消見込年度に相殺しきれなかった将来加算一時差異についての留意事項を示しています。

③ 回収可能性についての判断基準

63. 回収可能性についての判断基準

繰延税金資産の回収可能性については，会社の過去の業績等を主たる判断基準として，将来の収益力を見積もり，将来減算一時差異等がどの程度回収されるのかを，以下のそれぞれの例示区分に応じて判定することになる。

(1) 期末における将来減算一時差異を十分に上回る課税所得を当期及び過去3年以上計上している場合は，回収可能性があると判断する。

(2) 過去の業績が安定(当期及び過去3年経常的な利益を計上)していることから，将来も安定的な経常利益の計上が見込まれるが，期末における将来減算一時差異を十分に上回るほどの課税所得がない場合には，将来減算一時差異の合計額が過去3年間の課税所得の合計額の範囲内であれば，回収可能性があると判断する。

(3) 業績が不安定であり，期末における将来減算一時差異を十分に上回るほどの課税所得がない場合又は税務上の繰越欠損金が存在する場合であっても将来の合理的な見積可能期間（最長5年）内の課税所得の見積額を限度として，一時差異等の将来解消の見込みについて取締役会等による合理的な計画（スケジューリング）に基づくものであれば，回収可能性があるものと判断する。スケジューリングを行うことができない場合又は行っていない場合には，回収可能性はないものと判断する。

(4) 過去3年以上連続して重要な税務上の欠損金を計上し，当期も欠損金の計上が見込まれる会社及び債務超過又は資本の欠損の状況が長期にわたっており，短期間に当該状況の解消が見込まれない場合には回収可能性はないと判断する。

SECTION 1 　指　針　編

```
┌─────────────────────────────────────────────────────────────────┐
│  ┌──────────────────┐                                           │
│  │期末における将来減算│ Yes                                       │
│  │一時差異を上回る課税├─────────────────────────────────┐         │
│  │所得を当期及び過去3 │                                 │         │
│  │年以上計上しているか│                                 │         │
│  └─────────┬────────┘                                 │         │
│            │No                                        │         │
│  ┌─────────┴────────┐     ┌──────────────────┐       │         │
│  │業績は安定してお  │ Yes │将来減算一時差異の │ Yes   │         │
│  │り，将来も安定が  ├────►│合計額が過去3年間の├──────►│ 回      │
│  │見込まれるか      │     │課税所得の合計額の│       │ 収      │
│  └─────────┬────────┘     │範囲内か          │       │ 可      │
│            │No            └─────────┬────────┘       │ 能      │
│            │                        │No              │ 性      │
│  ┌─────────┴────────┐ No ┌──────────┴───────┐ Yes ┌──┴──┐ Yes  │
│  │過去連続して重要  ├───►│スケジューリング  ├────►│合理的├────► │
│  │な税務上の欠損金  │    │は行っているか    │     │なスケ│      │
│  │を計上しているか  │    │                  │     │ジュー│      │
│  └─────────┬────────┘    └─────────┬────────┘     │リング│ 可  │
│            │Yes                   │No             │による│ 能  │
│            │                      │               │課税所│ 性  │
│            │                      │               │得の範│ が  │
│            │                      │               │囲内か│ あ  │
│            │                      │               └──┬──┘ る  │
│            │                      │                  │No       │
│  ┌─────────┴──────────────────────┴──────────────────┴──────┐  │
│  │                  回収可能性はない                          │  │
│  └───────────────────────────────────────────────────────────┘  │
└─────────────────────────────────────────────────────────────────┘
```

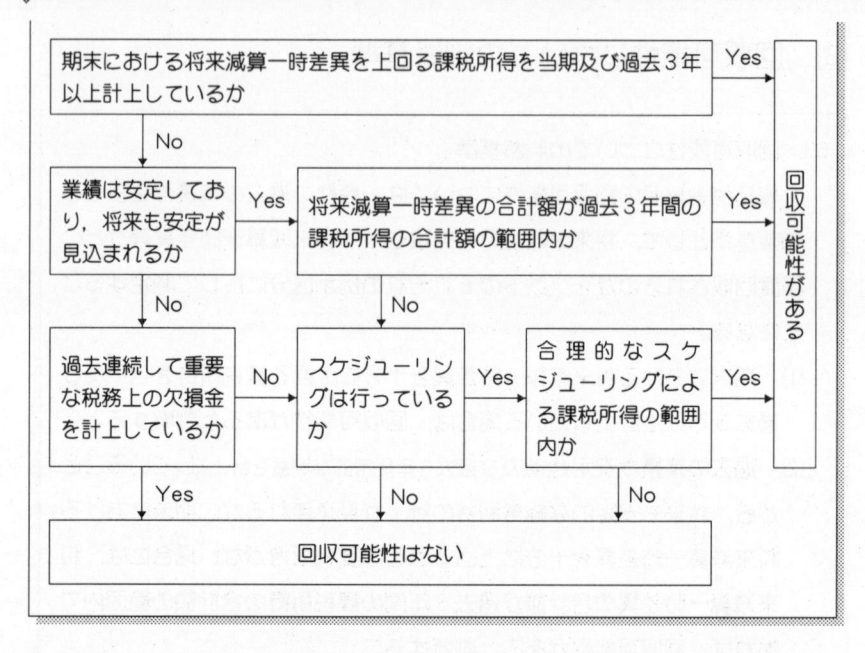

　繰延税金資産の回収可能性は，本来，将来の収益力に基づいて判断すべきものです。しかし，多くの中小企業においては，会社の将来の収益力を客観的に判断することは困難であると認められます。そこで，本指針は，会社の過去の実績等の状況を判断材料に含めて繰延税金資産の回収可能性を判断することとしています。したがって，本指針は，繰延税金資産の回収可能性についての判断基準を，監査委員会報告第66号等と比較すると相当に簡便な方法に基づいていることになります。また，利用者の理解に資することに配慮して，判断の過程をフローチャートで示しています。

　本指針は，第63項の(3)及び(4)において，回収可能性がないと判断される場合を次のように示しています。

① 　スケジューリングを行うことができない場合
② 　スケジューリングを行っていない場合
③ 　過去3年以上連続して重要な税務上の欠損金を計上し，当期も欠損金

の計上が見込まれる場合
④ 債務超過又は資本の欠損の状況が長期にわたっており，短期間に当該状況の解消が見込まれない場合

中小企業においては，該当する場合が多いものと思われます。

4 貸借対照表上の表示

> 64. 貸借対照表上の表示
> 　繰延税金資産及び繰延税金負債は，これらに関連した貸借対照表上の資産・負債の分類に基づいて流動区分と固定区分とに分けて表示する。また，繰越欠損金等に係る繰延税金資産及び繰延税金負債で，決算日後1年以内に解消される見込みの一時差異等に係るものを流動区分に，それ以外の一時差異等に係るものは投資その他の資産として表示する。なお，同じ区分に属する繰延税金資産と繰延税金負債がある場合には，それぞれ相殺して表示する。

I 流動固定の区分

繰延税金資産及び繰延税金負債は，これらに関連した資産・負債の分類に基づいて，繰延税金資産については流動資産又は投資その他の資産として，繰延税金負債については流動負債又は固定負債として表示します。

ただし，特定の資産・負債に関連しない繰越欠損金等に係るものについては，翌期に解消される見込みの一時差異等に係るものは流動資産又は流動負債に，それ以外の一時差異等に係るものは投資その他の資産として表示します。

関連する科目	その科目の表示箇所	繰延税金資産の表示箇所
賞与引当金	流動負債	流動資産
退職給付引当金	固定負債	固定資産の「投資その他の資産」

Ⅱ 表示科目

　税効果会計特有の勘定科目として，貸借対照表に計上されるものは，繰延税金資産及び繰延税金負債の2つです。表示箇所は，流動資産，流動負債，固定資産及び固定負債の4箇所です。ただし，流動資産の繰延税金資産と流動負債の繰延税金負債は相殺して表示し，同様に，固定資産の繰延税金資産と固定負債の繰延税金負債も相殺して表示します。

流動資産の繰延税金資産	2,500
流動負債の繰延税金負債	800
固定資産の繰延税金資産	3,000
固定負債の繰延税金負債	600

⇩

流動資産の部の繰延税金資産	1,700
固定負債の部の繰延税金資産	2,400

5 損益計算書上の表示

> 65. 損益計算書上の表示
> 　　繰延税金資産と繰延税金負債との差額の増減額は，法人税等調整額として，法人税，住民税及び事業税の次に表示する。

　末尾の「計算書類（貸借対照表・損益計算書）の例示」でも示していますが，数字を入れると次のようになります。

〔損益計算書〕

税引前当期純利益		1,000
法人税,住民税及び事業税	700	
法人税等調整額	300	400
当 期 純 利 益		600
前 期 繰 越 利 益		2,200
当 期 未 処 分 利 益		2,800

6 税効果会計適用における注記事項

> 66. 税効果会計適用における注記事項
> 　税効果会計を適用し，一時差異の金額が重要な場合，又は税引前当期純利益に対する法人税等（法人税等調整額を含む。）の比率と法定実効税率との間に重要な差異がある場合には，会社の財産及び損益の状態を正確に判断するため，以下の注記を行うことが望ましい。
> (1)　繰延税金資産及び繰延税金負債の発生原因別の主な内訳
> (2)　税引前当期純利益に対する法人税等（法人税等調整額を含む。）の比率と法定実効税率との間に重要な差異があるときは，当該差異の原因となった主要な項目別の内訳
> (3)　回収可能性がなく，繰延税金資産から控除された額

I　会計制度委員会報告第10号の注記例

　会計制度委員会報告第10号「個別財務諸表における税効果会計に関する実務指針」の「設例7」は，次の3つの場合の注記例を示しています。
　「①　繰延税金資産及び繰延税金負債の発生の主な原因別の内訳の注記例
　　②　法定実効税率と税効果会計適用後の法人税率等の負担率との間に重要な差異があるときの，当該差異の原因となった主要な項目別の内訳の注記例

SECTION 1　指　針　編

　　③　法人税等の税率の変更により繰延税金資産及び繰延税金負債の金額が修正されたときの注記例」

Ⅱ　本指針における注記

　本指針は，本指針の適用により税効果会計を適用した場合において，次の①又は②のいずれかに該当するときは，(1)〜(3)に掲げる事項を注記することが望ましいとしています。

> ①　一時差異の金額が重要な場合
> ②　税引前当期純利益に対する法人税等（法人税等調整額を含む。）の比率と法定実効税率との間に重要な差異がある場合

本指針の適用による注記例は次のとおりです。

> (1)　繰延税金資産及び繰延税金負債の発生原因別の主な内訳
> (2)　税引前当期純利益に対する法人税等（法人税等調整額を含む。）の比率と法定実効税率との間に重要な差異があるときは，当該差異の原因となった主要な項目別の内訳
> (3)　回収可能性がなく，繰延税金資産から控除された額

　(1)及び(2)については，会計制度委員会報告第10号の注記例と一致していますが，(3)については，本指針独自のものです。

【関連項目】
　商法施行規則第60条，第69条，第81条，第83条，第87条，第100条第2項
　税効果会計に係る会計基準
　会計制度委員会報告第10号「個別財務諸表における税効果会計に関する実務指針」
　監査委員会報告第66号「繰延税金資産の回収可能性の判断に関する監査上の取扱い」

14 資本・剰余金

資本・剰余金

> **要点**
> - 資本の部は，資本金，資本剰余金，利益剰余金等に区分する。
> - 資本剰余金は，資本準備金及びその他資本剰余金に区分する。
> - 利益剰余金は，利益準備金，任意積立金及び当期未処分利益（当期未処理損失）に区分する。
> - 期末に保有する自己株式は，資本の部の末尾において控除形式により表示する。

1 資本金

> **67. 資本金**
> 資本金は，発行済株式の発行価額の総額のうち，資本の額に組み入れられた部分（商法第284条ノ2）である。

I 商法上の資本金

　資本の額は原則として株式の発行価額の総額になります（商法284ノ2①）。例外として株式の発行価額の2分の1を超えない金額は資本の額に組み入れず，資本準備金に組み入れることができます（商法284ノ2②）。

　なお，会社法においては，最低資本金制度が撤廃されています。

Ⅱ　会計上の資本

会計上，資本金とは，商法における法定資本をいいます。

平成13年6月の商法改正により，資本準備金の一部を配当可能利益に充当することが可能となり，資本と利益の区分が厳密に維持されることがなくなりました。しかし，会計においては，資本取引と損益取引は明確に区分されています。

Ⅲ　法人税法上の資本

法人税法上も，資本金については，商法の概念を借用しています。

2　剰　余　金

> 68. 剰余金
>
> 　剰余金は，払込資本を構成する資本剰余金と留保利益を表す利益剰余金に区分する。
> (1) 資本剰余金
> 　資本剰余金は，資本取引から生じた剰余金であり，以下の2つに区分する。
> ① 資本準備金
> 　増資による株式の発行価額のうち資本金に組み入れなかった株式払込剰余金等，商法第288条ノ2により，資本準備金として積み立てることが必要とされているものである。
> ② その他資本剰余金
> 　資本剰余金のうち，商法で定める資本準備金以外のものである。資本金及び資本準備金の取崩によって生じる剰余金（資本金及び資本準備金減少差益）及び自己株式処分差益が含まれる。
> (2) 利益剰余金

> 利益剰余金は，利益を源泉とする剰余金（すなわち利益の留保額）であり，以下の3つに区分される。
> ① 利益準備金
> 　資本準備金の額と合わせて資本金の額の4分の1に達するまで，毎決算期の利益処分による支出額の10分の1以上を，中間配当における分配額の10分の1を，それぞれ，利益準備金として積み立てなければならない（商法第288条）。
> 　利益準備金の取崩しにより生じた「剰余金」は，損益計算書の末尾に「利益準備金取崩額」等の科目をもって計上し，「当期未処分利益」を増加させる。
> ② 任意積立金
> 　任意積立金は，会社が独自の判断で積み立てるもので，特に目的を限定しない別途積立金，目的を限定した修繕積立金等，及び税法上の特例を利用するために設ける圧縮積立金や特別償却準備金等がある。
> ③ 当期未処分利益（当期未処理損失）
> 　「当期未処分利益（当期未処理損失）」は，利益剰余金のうち，「利益準備金」及び「任意積立金」以外の部分であり，「前期繰越利益（前期繰越損失）」及び「当期純利益（当期純損失）」から構成される。

I　本指針の規定

　本指針は，剰余金については，商法施行規則第88条～第92条に準拠して作成されていますが，資本の部の区分及び表示面においては，商法と会計は実質的に統一されているといえます（財規59以下，自己株式及び法定準備金の取崩等に関する会計基準15，貸借対照表の純資産の部の表示に関する会計基準27以下を参照）。

Ⅱ 法人税法上の資本積立金額及び利益積立金額

　平成13年の商法改正を受けて，法人税法上の資本積立金及び利益積立金の規定が大幅に改正されました。資本積立金額及び利益積立金額ともに，それぞれの増加要因項目の合計額から減少要因項目の合計額を控除した金額が積立金額となります（法法2①十七，十八）。

　したがって，次のような場合には，資本積立金額又は利益積立金額がマイナスになることがあります。

> **（例）**
> 　配当可能利益のうち，10,000を資本に組み入れました。
> 　資本積立金額は，8,000です。

　この場合の仕訳は次のようになります。
　①　商法・会計上の仕訳
　　　（借）利 益 剰 余 金　　10,000　　（貸）資　　本　　金　　10,000
　②　法人税法上の仕訳
　　　（借）資 本 積 立 金 額　　10,000　　（貸）資　　本　　金　　10,000

　商法及び会計上は，利益剰余金をもって増資することになります。平成13年度税制改正前までは，法人税法上も利益積立金額をもって増資することとし，この段階で，株主に対する配当課税が行われていました。商法の改正と平仄を合わせるために，平成13年度税制改正において，金銭等の交付がある場合にのみ配当課税が行われるように改正されました。その結果，法人税法上は，資本積立金をもって増資することになったのです（法法2十七カ）。この事例では，増資前の資本積立金の金額は8,000ですので，この増資により資本積立金額はマイナス2,000となります。

　反対に，欠損金の塡補のために減資をした場合の仕訳は次のようになります。
　①　商法・会計上の仕訳
　　　（借）資　　本　　金　　10,000　　（貸）利 益 剰 余 金　　10,000

② 法人税法上の仕訳

　（借）資　本　金　10,000　　（貸）資本積立金　10,000

　金銭その他の資産の交付（払戻し）が行われない場合ですので，法人税法上は，資本金の相手勘定は資本積立金となり（法法２十七ヌ），資本等の金額の合計額は変わりません。法人税法上又は地方税法上，「資本等の金額」が基準となっている規定があることに留意が必要です。

---

69. 株式等評価差額金

その他有価証券の評価差額（税効果考慮後の額）を記載する。

（第19項「有価証券の分類と会計処理の概要」(4)その他有価証券の箇所を参照）

③ 自己株式　» P.243, CASE 28　CASE 29　CASE 30

---

70. 自己株式

(1) 取得及び保有

　自己株式の取得は，実質的に資本の払戻しとしての性格を有しているため，取得価額をもって資本の部において控除して表示する。自己株式の取得に関する付随費用は，営業外費用として計上する。

(2) 自己株式の処分

　自己株式の処分の対価と自己株式の帳簿価額との差額が差益の場合は，「その他資本剰余金」の内訳科目である「自己株式処分差益」として計上する。差損の場合は，「その他資本剰余金」から減額し，控除しきれない場合には，損益計算書の末尾に「自己株式処分差損」等の科目をもって計上することにより，「当期未処分利益」から減額する。

(3) 自己株式の消却

　自己株式を消却した場合，減額する資本の項目は，取締役会等の会

社の意思決定機関で定められた結果に従い，消却手続が完了したときに会計処理する。「当期未処分利益」から減額する場合は，損益計算書の末尾に「自己株式処分差損」等の科目をもって計上する。

I 自己株式の取得・保有

　平成13年の商法改正により，自己株式の取得が原則禁止から，原則自由となりました。しかし，商法上，自己株式を取得する場合は，定時株主総会の決議（普通決議）を経ることが必要です（商法210）。平成15年の商法改正により定款に定めがあり，市場買付け等の方法による場合には，取締役会の決議のみで自己株式の取得が可能となっていますが（商法211ノ3①），中小企業の場合は，定時株主総会の決議を経由することになるものと思われます。なお，自己株式の取得価額の総額は，配当可能利益の範囲内と規定されています。また，自己株式については，議決権も利益配当請求権もありません。

　会計上，自己株式の取得方法が，商法第210条の規定に基づく取得であるか否かを問わず，すべて取得原価をもって資本の部から控除します。表示箇所は，資本の部の末尾に自己株式として一括して控除する形式で表示します（計算書類（貸借対照表・損益計算書）の例示）を参照）。

　中小企業では，相続（遺贈）や買取請求等により自己株式を取得する場合があります。そのような場合において，自己株式を流動資産の部に表示しているケースが一部に見受けられます。しかし，自己株式の取得は，他の有価証券の取得と異なり，資本の払戻しの性格を有していることから，取得価額をもって資本の部の控除項目として表示することが適正です。

　自己株式の取得に関する付随費用は，営業外費用として計上します。自己株式の取得は資本の払戻しとしての性格を有しますが，法人税法上，自己株式の取得に関する付随費用は，取得価額に含めます（法令119①一）。したがって，自己株式の取得に関する付随費用を営業外費用としている場合は，申告調整が必要となります。ただし，中小企業が，自己株式を購入する際に付随費用が発生

するケースは少ないと考えられます。なお，相対取引の場合（中小企業の場合は，市場取引によることは稀であり，ほとんどすべての事例は，相対取引であると思われます），株式を売却した（元）株主にみなし配当課税がされる場合がありますので，注意が必要です（法法2十八ヲ，24①五，法令23③，所法25①五）。

II　自己株式の処分

　自己株式の処分は，取締役会における自己株式の消却の決議に基づきます（商法212②）。自己株式を処分は，新株式の発行と同様であると考えることができるため，会計上の処理は，次のようになります。

> ① 自己株式の処分価額＞自己株式の帳簿価額の場合
> 　イ 「自己株式処分差益」を計上します。
> 　ロ その他資本剰余金の区分に表示します。
> ② 自己株式の処分価額＜自己株式の帳簿価額の場合
> 　イ その他資本剰余金から減額します。この場合は，まず自己株式処分差益の部分を減額し，次に資本金及び資本準備金減少差益の部分を減額します。
> 　ロ 資本剰余金から減額しきれない場合は，利益剰余金のうち当期未処分利益から減額します（又は，当期未処理損失を増額します）。この場合は，損益計算書の当期純利益等の次に「自己株式処分差損」等の科目で表示します。

　本指針は，上記の規定を一部省略した形で示していますが，中小企業においても，会計上の取扱いと同様の処理をします。なお，自己株式処分差益及び自己株式処分差損の両方が生じた場合は，毎期，相殺した上で上記いずれかの表示を行います。

　法人税法上，自己株式の処分差益は資本積立金額とします。処分差損が生じた場合は，資本積立金額がマイナスになることもあります（法法2十七ロ）。

Ⅲ 自己株式の消却

　会社は，取締役会の決議をもって保有する自己株式の消却をすることができます。自己株式を消却した場合は，①資本金及び資本準備金減少差益，②自己株式処分差益，③当期未処分利益のいずれから減額することになりますが，これは取締役会等の決議に基づきます（商法212）。

　そして，「当期未処分利益」から減額する場合は，損益計算書の末尾に「自己株式処分差損」等の科目をもって計上します。本指針は，このことを示しています。

　法人税法上，消却の対象となった自己株式の税務上の帳簿価額をもって，資本積立金額を減額します（法法2十七ナ）。

【関連項目】

　企業会計原則　第一・三，注解2，第三・四（三），注解19

　商法施行規則第88条～第92条

　自己株式及び法定準備金の取崩等に関する会計基準　第15項～第28項，第33項～第39項

　法人税法第2条第16号～第18号，第24条，第61条の2

　法人税法施行令第23条第3項，第119条，第119条の2

15 収益・費用の計上

収益・費用の計上

> 要　点
> ➢ 収益及び費用については，一会計期間に属するすべての収益とこれに対応するすべての費用を計上する。
> ➢ 原則として，収益については実現主義により認識し，費用については発生主義により認識する。

1 収益及び費用の計上に関する一般原則

> 71．収益及び費用の計上に関する一般原則
>   企業の経営成績を明らかにするため，損益計算書において一会計期間に属するすべての収益とこれに対応するすべての費用を計上する（費用収益の対応原則）。原則として，収益については実現主義により認識し，費用については発生主義により認識する。
>   収益及び費用の計上について複数の会計処理の適用が考えられる場合，取引の実態を最も適切に表す方法を選択する。選択した方法は，毎期，継続して適用し，正当な理由がない限り，変更してはならない。

I　本指針の性格

　本指針は，会計処理マニュアルではありませんので，収益・費用の計上については，一般原則や収益認識基準についてのみ記載しています。パブリック・コメントにおいても，収益・費用の計上について詳細な規定が必要ではないか

との指摘をいただきました。しかし，総論の「本指針の記載範囲及び適用に当たっての留意事項」の要点及び第8項において，「中小企業において必要と考えられるものについて，重点的に言及している。」とありますように，本指針の記載範囲は網羅的なものではありません。

したがって，本指針は，「収益・費用の計上」において，基本となる事項のみを概括的に記載しています。

Ⅱ 収益及び費用の計上に関する一般原則

企業会計原則第二・一は，収益・費用の認識について，次のように示しています。

「① 損益計算書は，企業の経営成績を明らかにするため，一会計期間に属するすべての収益とこれに対応するすべての費用とを記載して経常利益を表示し，これに特別損益に属する項目を加減して当期純利益を表示しなければならない。

② すべての費用及び収益は，その支出及び収入に基づいて計上し，その発生した期間に正しく割当てられるように処理しなければならない。

③ ただし，未実現収益は，原則として，当期の損益計算に計上してはならない。」

また，同第一・五及び注解（注3）は，継続性の原則について，次のように示しています。

「① 企業会計は，その処理の原則及び手続を毎期継続して適用し，みだりにこれを変更してはならない。

② 企業会計上継続性が問題とされるのは，一つの会計事実について二つ以上の会計処理の原則又は手続の選択適用が認められている場合である。このような場合に，企業が選択した会計処理の原則及び手続を毎期継続して適用しないときは，同一の会計事実について異なる利益額が算出されることになり，財務諸表の期間比較を困難ならしめ，この結果，企業の財務内容に関する利害関係者の判断を誤らしめることになる。従って，

いったん採用した会計処理の原則又は手続は，正当な理由により変更を行う場合を除き，財務諸表を作成する各時期を通じて継続して適用しなければならない。

③　なお，正当な理由によって，会計処理の原則又は手続に重要な変更を加えたときは，これを当該財務諸表に注記しなければならない。」

本指針は，上記の規定に則した規定となっています（注記については，各論「計算書類の注記」を参照）。

2　収益認識

72. 収益認識

収益は，商品等の販売や役務の給付に基づき認識され，企業は，各取引の実態に応じて，販売の事実を認識する時点を選択しなければならない。商品等の販売や役務の給付に基づく収益認識基準には，出荷基準，引渡基準，検収基準等がある。

(1)　一般的な販売契約における収益認識基準

区　分	収　益　認　識　日
出荷基準	製品，商品等を出荷した時点
引渡基準	製品，商品等を得意先に引き渡した時点
検収基準	得意先が製品等の検収をした時点

上記のほか，輸出を伴う場合には，船積基準，通関基準等がある。

(2)　特殊な販売契約における収益認識基準

区　分	収　益　認　識　日　等
委託販売	受託者が委託品を販売した日（仕切精算書又は売上計算書に記録）。ただし，販売のつど送付されている場合には，当該仕切精算書が到達した日をもって売上収益の実現の日とみなすことができる。

試用販売	得意先が買取りの意思を表示したとき。
予約販売	予約金受取額のうち，決算日までに商品の引渡し又は役務の給付が完了した分。残額は貸借対照表の負債の部に記載して次期以後に繰り延べる。
割賦販売	原則として，商品等を引き渡した日。ただし，割賦金の回収期限の到来の日又は割賦金の入金の日とすることができる。

(3) その他

区　分	収　益　認　識　方　法
長期の請負工事	工事が完成し，その引渡しが完了した日（工事完成基準）又は決算期末に見積もられた工事進行程度と適正な工事収益率を用いた方法（工事進行基準）により，収益計上。

③ 費用認識

73. 費用認識

費用は，その支出（将来支出するものを含む。）に基づいた金額を，その性質により，収益に対応（個別対応又は期間対応）させ，その発生した期間に正しく計上する。具体的には，本指針の関連項目を参照する。

I　収益の認識

一般的な販売契約の場合の収益の認識基準について，企業会計原則は，商品等の販売又は役務の給付によって実現したものに限るとのみ規定しています。そこで，本指針は，①出荷基準，②引渡基準，③検収基準，④船積基準，及び⑤通関基準等を例示しています。どの認識基準が適切であるのかは，企業の取引の対象となる商品等の種類，取引形態等に応じて，企業が個別に判断することになります。

企業会計原則は，実現主義の適用について，特殊な販売契約における収益の

認識基準を販売契約別に規定しています（第二・三・B，注解（注6）（注7））。
本指針は，それらの規定を簡潔に記載したものです。

Ⅱ　費用の認識

　発生主義と費用収益対応の原則が再確認されています。

　本指針が各論又は関連項目で示されている項目については，それぞれ参照することになります。

【関連項目】
　企業会計原則　第二・一及び三，第三・五，同注解6及び7

16 外貨建取引等

外貨建取引等

> 要 点
> ➢ 外貨建取引は，原則として，当該取引発生時の為替相場による円換算額をもって記録する。
> ➢ 外国通貨については，決算時の為替相場による円換算額を付す。
> ➢ 外貨建金銭債権債務（外貨預金を含む。）については，決算時の為替相場による円換算額を付す。ただし，長期のもの（1年超のもの）について重要性がない場合には，取得時の為替相場による円換算額を付すことができる。
> ➢ 外貨建売買目的有価証券，その他有価証券（時価のないものを含む。）及び評価損を計上した有価証券については，時価（その他有価証券のうち時価のないものについては取得原価）を決算時の為替相場により円換算した額を付す。

1 取引発生時の処理

> 74. 取引発生時の処理
> 　　外貨建取引は，原則として，当該取引発生時の為替相場による円換算額をもって記録する。

I 外貨建取引の意義

　外貨建取引とは，売買価額その他取引価額が外国通貨で「表示」されている

取引をいいます（外貨建取引等会計処理基準注解・注1）。

外貨建取引には，次の取引が含まれます（同上）。

「① 取引価額が外国通貨で表示されている物品の売買又は役務の授受

② 決済金額が外国通貨で表示されている資金の借入又は貸付

③ 券面額が外国通貨で表示されている社債の発行

④ 外国通貨による前渡金，仮払金の支払又は前受金，借受金の受入

⑤ 決済金額が外国通貨で表示されているデリバティブ取引等が含まれる。」

また，国内の製造業者等が商社等を通じて輸出入取引を行う場合であっても，当該輸出入取引によって商社等に生ずる為替差損益を製造業者等が負担する等のため実質的に取引価額が外国通貨で表示されている取引と同等とみなされるものは，外貨建取引に該当します。このような取引契約を「メーカーズリスク契約」といいます。

法人税法上の外貨建取引とは，外国通貨で支払われる資産の販売及び購入，役務の提供，金銭の貸付け及び借入れ，利益の配当その他の取引をいいます（法法61の8）。法人税法上の外貨建取引は，外国通貨で「支払」が行われることが前提となります。これに対して，会計上の外貨建取引は，外国通貨で「表示」される取引をいいます。したがって，外国通貨で表示される取引であっても，日本円で支払が行われる取引は，法人税法上の外貨建取引には該当しないことになり，法人税法上の外貨建取引は会計上の外貨建取引よりも範囲が狭くなっています。

Ⅱ 取引発生時の処理

外貨建取引は，原則として，当該取引発生時の為替相場による円換算額をもって記録します（外貨建取引等会計処理基準一・1）。本指針は，この外貨基準に基づいて規定しています。

取引発生時の為替相場は，次のものを採用します。

取引が発生した日における直物為替相場	直物為替相場には、①電信売相場（TTS）、②電信買相場（TTB）、③電信売買相場の仲値（TTM）がありますが、どれを採用するのかは、企業の判断によります。
合理的な基礎に基づいて算定された平均相場	例えば、取引の行われた月又は週の前月又は前週の直物為替相場を平均したもの等、直近の一定期間の直物為替相場に基づいて算定されたものが該当します。なお、「一定期間」については、企業の判断によります。
取引が発生した日の直近の一定の日の為替相場	例えば、取引が発生した日の直近の一定の日における直物為替相場によることも認められています。一定の日としては、①取引が行われた月又は週の前月又は前週の末日、②取引が行われた月又は週の当月又は当週の初日が示されています。上記の2つの簡便的な処理法と位置付けられます。

法人税法上の処理は、次のようになります（法基通13の2−1−2）。

原　則	外貨建取引の円換算は、その取引を計上すべき日（取引日）のTTMによります。
例　外	ただし、継続適用を要件として、売上その他の収益又は資産については取引日のTTB、仕入その他の費用又は負債については取引日のTTSによることができます。

② 決算時の処理

> 75. 決算時の処理
>   外国通貨、外貨建金銭債権債務等の金融商品については、決算時において、原則として、次の処理を行う。
> (1) 外国通貨については、決算時の為替相場による円換算額を付す。
> (2) 外貨建金銭債権債務（外貨預金を含む。）については、決算時の為替相場による円換算額を付す。
> (3) 満期保有目的の外貨建債券については、外国通貨による取得価額又は償却原価法に基づく価格を決算時の為替相場により円換算した額を付す。

> (4) 外貨建売買目的有価証券及びその他有価証券については,外国通貨による時価(その他有価証券のうち時価のないものについては取得原価)を決算時の為替相場により円換算した額を付す。
> (5) 子会社株式及び関連会社株式については,取得時の為替相場による円換算額を付す。
> (6) 外貨建有価証券について時価の著しい下落又は実質価額の著しい低下により評価額の引下げが求められる場合には,当該外貨建有価証券の時価又は実質価額は,外国通貨による時価又は実質価額を決算時の為替相場により円換算した額による。

Ⅰ 会計上の処理

　本指針は,デリバティブ取引等に係る円換算額を除き,外貨建取引等会計処理基準が示している処理方法に基づいた処理方法を示しています(同基準一・2,同注解・注4～注8)。

Ⅱ 法人税法上の取扱い

　法人税法上の期末換算方法は,外貨預金及び外貨建債権債務について,保有の長短に応じて評価方法を区分するなど,会計上の処理と異なる取扱いが示されています(法法61の9①)。そして,複数の換算方法が認められている場合で期末換算の方法の「選定」をするときは,外貨建取引を行った日の属する事業年度の確定申告書の提出期限までに,納税地の所轄税務署長に所定の手続をしなければなりません。選定の届出を行わなかった場合には,それぞれの区分に応じた法定換算法によることになります。また,選定した方法を変更しようとする場合は,新たな換算の方法を採用しようとする事業年度開始の日の前日までに,届出を行わなければなりませんので,注意が必要です。

　会計上の換算方法と,法人税法上の換算方法は,第78項の表で示されています。

③ 換算差額の処理

> **76. 換算差額の処理**
> 　換算差額及び決済差損益は，原則として，営業外損益の部において当期の為替差損益として処理する。
> 　ただし，有価証券を時価で計上した場合の評価差額に含まれる換算差額は，当該評価差額に関する処理方法に従う。

Ⅰ　決算時の処理

　会計上，決算時における換算によって生じた換算差額は，原則として，当期の為替差損益として処理します。ただし，有価証券の時価の著しい下落又は実質価額の著しい低下により，決算時の為替相場による換算を行ったことによって生じた換算差額は，当期の有価証券の評価損として処理します。また，金融商品に係る会計基準による時価評価に係る評価差額に含まれる換算差額については，原則として，当該評価差額に関する処理方法に従うことになります（外貨建取引等会計処理基準一・2）。

　会計上，その他有価証券に属する債券の換算差額の処理については，外国通貨による時価を決算時の為替相場で換算した金額のうち，外国通貨による時価の変動に係る換算差額を評価差額とし，それ以外の換算差額については為替差損益として処理することができます（同注解・注10）。

　法人税法上，事業年度終了の時において外貨建資産等（期末時換算法によりその金額の円換算額への換算をするものに限る）を有する場合には，当該外貨建資産等の金額を期末時換算法により換算した金額と当該外貨建資産等のその時の帳簿価額との差額に相当する金額は，当該事業年度の所得の金額の計算上，益金の額又は損金の額に算入します（法法61の9②）。なお，益金又は損金に算入した金額は，翌事業年度の所得の金額の計算上損金又は益金の額に算入され，洗替え処理を行います（法令122の8①）。

Ⅱ 決済時の処理

外貨建金銭債権債務の決済(外国通貨の円転換を含む)に伴って生じた損益は,原則として,当期の為替差損益として処理します(外貨建取引等会計処理基準一・3)。法人税法上も同様です。

Ⅲ 本指針の規定

本指針は,会計上の取扱いに基づき,換算差額及び決済差損益の原則的な処理方法を示しています。

換算差額も決済差損益も,一種の金融損益と考えられますので,営業外損益として表示します。また,表示方法としては,差益と差損とを相殺して純額で表示します。なお,企業にとって,異常な為替差損益は,営業外損益としてではなく,特別損益として表示することが妥当です(会計制度委員会報告第4号「外貨建取引等会計処理に関する実務指針」第69項)。

4 ヘッジ会計

> 77. ヘッジ会計
> 外貨建取引に係る外貨建金銭債権債務と為替予約等との関係がヘッジ会計の要件を充たしている場合には,当該外貨建取引についてヘッジ会計を適用することができる。また,為替予約等により確定する決済時における円貨額により外貨建取引及び金銭債権債務等を換算し直物相場との差額を期間配分する方法(振当処理)によることもできる。

Ⅰ ヘッジ会計

ヘッジ会計とは,ヘッジ取引のうち一定の要件を充たすものについて,ヘッジ対象に係る損益とヘッジ手段に係る損益を同一の会計期間に認識し,ヘッジの効果を会計に反映させるための特殊な会計処理をいいます(金融商品に係る会

計基準・第五・一)。

ヘッジ取引時の要件としては，次のものが示されています(同・第五・二，実務指針143及び147参照)

「① 当該取引が企業のリスク管理方針に従ったものであることが，文書により確認できること

② 企業のリスク管理方針に関して明確な内部規定及び内部統制組織が存在し，当該取引がこれに従って処理されることが期待されること」

ヘッジ取引時以降の要件は，ヘッジ取引時以降において，ヘッジ対象とヘッジ手段の損益が高い程度で相殺される状態又はヘッジ対象のキャッシュ・フローが固定されその変動が回避される状態が引き続き認められることによって，ヘッジ手段の効果が定期的に確認されていること，をいいます(同上，実務指針146参照)。

Ⅱ 本指針の規定

外貨建取引に係る外貨建金銭債権債務と為替予約等との関係が「ヘッジ会計の要件」を充たしている場合には，当該外貨建取引についてヘッジ会計を適用することができます(外貨建取引等会計処理基準一・1)。なお，為替予約等には，為替予約の他，通貨先物，通貨スワップ，通貨オプションが含まれます。

また，「外貨建取引等会計処理基準」における振当処理は，ヘッジ会計の要件その他の条件を充たした場合には，ヘッジの効果を財務諸表に反映させる一つの手法と考えられるため，経過措置として認められています(金融商品に係る会計基準の設定に関する意見書を参照)。なお，振当処理とは，外貨建金銭債権債務等を為替予約等により確定された換算レートで換算し，原則として，①直々差額(外貨建取引発生時から先物予約締結時までの直物相場の変動から生じた差額)は当期の損益に計上し，②直先差額(直物相場と先物相場の取引価額との差額)を期間配分する方法をいいます。本指針は，このことを簡潔に記載しています。

平成12年度の税制改正で所要の整備がなされたので，法人税法上の取扱いも会計上の取扱いとほぼ同じものとなっています(関連項目の条文を参照)。

5 会計処理と法人税法上の取扱い » P.247, CASE 31

78. 会計処理と法人税法上の取扱い

　　会計処理が特殊な項目を除き決算時の為替相場により換算するのに対して，法人税法は外貨建資産等の期末換算に関して，外貨建資産等を一年基準により短期と長期とに分類した上で，期末換算の方法を規定している。

　　しかし，外貨建その他有価証券を除き，換算方法等を税務署長に届け出ることにより，本指針の会計処理と法人税法上の取扱いを一致させることができる。

外貨建資産等の区分			会計上の換算方法	法人税法上の換算方法
外国通貨			決算時の為替相場により換算	期末時換算法
外貨預金	短期外貨預金			期末時換算法（法定換算方法）又は発生時換算法
	上記以外のもの			期末時換算法又は発生時換算法（法定換算方法）
外貨建債権債務	短期外貨建債権債務		決算時の為替相場により換算（ただし，転換社債については，発行時の為替相場）	期末時換算法（法定換算方法）又は発生時換算法
	上記以外のもの			発生時換算法（法定換算方法）又は期末時換算法
外貨建有価証券	売買目的有価証券		期末時価を決算日の為替相場により換算	期末時換算法
	その他有価証券	償還期限及び償還金額のあるもの（満期保有目的）	取得価額又は償却原価を決算日の為替相場により換算	発生時換算法（法定換算方法）又は期末時換算法
		償還期限及び償還金額のあるもの（満期保有目的外）（注2）	期末時価を決算日の為替相場により換算（原則：換算差額は資本の部計上，例外：換算差額は当期の損益）	
		償還期限及び償還金額のないもの（株式）（注2）	期末時価を決算日の為替相場により換算（換算差額は資本の部に計上）	発生時換算法
		子会社株式及び関連会社株式	取得価額を取得時の為替相場により換算	

（注1）　外貨建取引，外貨建債権，外貨建債務，外貨建有価証券，発生時換算法及び期末時換算法とは，原則として，法人税法第61条の8《外貨建取引の換算》第1項及び同法第61条の9《外貨建資産等の期末換算差益又は期末換算差損の益金又は損金算入等》第1項に定めるものをいう。
　　　　また，保有期間等が1年超であるか否かについては，期末時点で判定する。
（注2）　会計上は「その他有価証券」である。

I 用語の意義

発生時換算法とは,期末外貨建資産・負債を取得又は発生時の外国為替売買相場により換算する方法をいい,期末時換算法とは,期末外貨建資産・負債を事業年度末の外国為替売買相場により換算する方法をいいます(法法61の9①)。

「短期」とは,満期日又は支払・受取の期日が,その事業年度終了の日の翌日から1年を経過した日の前日までに到来するものをいい,「長期」とは,「短期」に該当するもの以外のものをいいます(法令122の4)。

II 会計と法人税法上の処理の一致・不一致

本指針で示しているほとんどの換算方法は,換算方法等を所定の方法で税務署長に届け出ることにより,会計上の処理と法人税法上の処理を一致させることができます。中小企業の場合は,期末時換算法を選択することにより,申告実務が容易になると思われます。

ただし,外貨建有価証券のうち「その他有価証券」に該当するものについては,選択により一致させることはできませんので,留意が必要です。この場合において,会計上,原則法である全部資本直入法を採用すれば,当期の損益が認識されませんので,法人税法上は,別表五㈠のみの処理となります。また,会計上,部分資本直入法を採用した場合は,為替差損益については,別表四でも調整が必要です。

【関連項目】

　外貨建取引等会計処理基準

　金融商品に係る会計基準

　会計制度委員会報告第4号「外貨建取引等の会計処理に関する実務指針」

　会計制度委員会報告第14号「金融商品会計に関する実務指針」

　法人税法第61条の6，第61条の7，第61条の8，第61条の9

　法人税法施行令第122条第1項

17 計算書類の注記

計算書類の注記

> 要　点
> ➤ 商法施行規則では，会計方針（第45条）をはじめ，多くの事項が明文をもって注記を行うよう要求されており，かつ，それら以外でも貸借対照表又は損益計算書により会社の財産及び損益の状態を正確に判断するために必要な事項は注記しなければならないとしている（第47条）。したがって，これらの規則に従い注記を行うことが必要である。

1 商法施行規則の規定

> 79. 商法施行規則の規定
>
>   　商法施行規則では，会計方針（第45条）以下多くの事項が明文をもって注記を行うよう要求されている。また，それら以外であって，貸借対照表又は損益計算書により会社の財産及び損益の状態を正確に判断するために必要な事項は注記しなければならない（第47条）。
>
>   　ただし，小会社の貸借対照表及び損益計算書については，資本の欠損の注記及び繰延資産等の注記を除き，注記を省略することができる（第48条第2項）。

I　注記の原則

　中小企業では，注記事項についてほとんど意識されていないのが実態です。そこで，本指針は，商法施行規則が規定している注記に関する規定のすべてを

「商法施行規則の規定」として紹介しています。また，同時に，中小企業に比較的多く生じると思われる注記例をやや詳細にしていますので，積極的に注記を充実させていこうとする中小企業にとっては，参考になると思われます。

念のためですが，本指針の適用対象企業がこれらの注記のすべて義務として求められているわけではありません。しかし，今後は，中小企業においても，注記を充実させていくことが求められます。

II 小会社の注記

商法施行規則が，小株式会社（資本金1億円以下かつ負債総額200億円未満の株式会社）及び有限会社の貸借対照表及び損益計算書については，次の事項を除き，注記を省略することができることを規定していますので，本指針もそれに準じています。

小会社が注記を省略することができない場合は，次の通りです（商規48②）。

```
① 資本の欠損（商規92）
② 繰延資産の超過額（商規93）
③ 貸借対照表上において資産に時価を付したことにより増加した純資産
  額（商規93）
```

小会社が注記を省略することができない上記の3つの場合の注記例は次のようになります。

① 資本の欠損等の注記例

```
資本の欠損金額    ×××千円
```

なお，資本の欠損金額は，次のように算定されます。

```
資本の欠損金額＝|資本金＋資本準備金＋利益準備金|
         －|純資産－（新株式払込金又は新株式申込証拠金
         ＋土地再評価差額金＋株式等評価差額金）|
```

② 繰延資産の超過額の注記例

商法施行規則第124条第1項に規定する超過額　　×××千円

なお，商法施行規則第124条第1号又は第126条第1号に規定する繰延資産の超過額は，次のように算定されます。

繰延資産の超過額＝(繰延資産として計上された開業費＋研究費及び開発費)－(資本準備金＋利益準備金＋当該決算期において積み立てることを要する利益準備金)

③ 繰延資産の超過額の注記例

商法施行規則第124条第3号に規定する純資産額の増加額 ×××千円

なお，商法施行規則第124条第3号又は第126号第3号に規定する純資産額とは，貸借対照表上において資産に時価を付したことにより，増加した純資産額のことをいいます。

② 本指針によることの注記

> 80. 本指針によることの注記
>   本指針によって計算書類を作成した場合にはその旨を注記する必要がある。

Ⅰ　本指針によっている旨を注記する意義

本指針は，本指針によって計算書類を作成した場合には，「この計算書類は，中小企業の会計に関する指針によって作成しています。」と注記する必要があることを示しています（同旨の表現も認められます）。本指針は，「一般に公正妥

当と認められる企業会計の慣行」(会社法431)として定着することが期待されるものであると同時に,「一般に公正妥当と認められる会計基準」の枠内にあるものと認められることから,この記載があることにより,取引先等からの計算書類の与信の水準が高まることが期待されます。

Ⅱ 注意点

中小企業の場合は,本指針のすべての項目を一時に適用することが困難な場合が多いと思われます。企業の状況等に応じて,段階的に本指針を採用していくことが想定されます。このように,一部を採用し,一部については未適用であるような場合には,本指針によって計算書類を作成した旨を記載することはできません。

3 役員と会社間の取引

> 81. 役員と会社間の取引について
> 　　役員の個人的な信用が重視される中小企業の特性を考慮して,役員と会社間との取引についても注記事項として開示することが望ましい。

Ⅰ 役員との取引

商法施行規則では,支配株主に対する金銭債権(商規55②,70②),取締役等に対する金銭債権(同71),支配株主に対する金銭債務(同80①,82②),取締役等に対する金銭債務(同84)及び支配株主との取引による取引高(同97②)については,原則として注記することが示されています。

小会社が注記しなければならない場合は,第79項ただし書きの通りです。しかし,本指針は,中小企業の場合はオーナー経営者である場合が多いことから,役員と会社との取引が安易に行われ,時には多額になることを考慮して,注記により役員と会社との取引を開示することが望ましいという立場を採っていま

す。

Ⅱ 記載例

(1) 記載に当たっての留意事項

> ① 本指針は,「役員」との取引に限定した記載となっています。しかし,役員,支配株主,それらの者の家族その他同族関係者等との取引についても記載することが望ましいことはいうまでもありません。
> ② 期中の取引高のみならず,期末の残高も併せて記載することが望ましいと思われます。

(2) 記 載 例

期末における取締役に対する貸付金	×××千円

代表取締役（支配株主でもある）に対する	
当期中の売上高	×××千円
当期末における売掛金残高	××千円

④ 電磁的方法による決算公告との関係

> 82. 電磁的方法による決算公告との関係
> 　電磁的方法により決算書類を公開することができる。この方法によれば注記による情報量の増加もそれほどの負担にはならない。

　株式会社は,決算公告をしなければなりません。公告の方法には,①官報に掲載する方法,②時事に関する事項を掲載する日刊新聞に掲載する方法,③電

子公告により掲載する方法，の3つの方法があり，任意に選択することができます。本指針は，電磁的方法によって決算書類を公告した場合には，事務負担や費用の増加を軽減することが可能である旨を示しています（第87項を参照）。

計算書類の注記の規定

＜計算書類の注記＞	商法施行規則の規定
1. 会計方針	(45①)
① 資産の評価の方法	
② 固定資産の減価償却の方法	
③ 重要な引当金の計上の方法	
④ その他の重要な貸借対照表又は損益計算書の作成に関する会計方針	
2. 重要な会計方針の変更，その旨及びその変更による増減額の注記	(45②)
3. 貸借対照表又は損益計算書の記載の方法を変更したとき	(45③)
4. 財産及び損益の状態を正確に判断するために必要な追加情報	(47)
5. 子会社に対する金銭債権	(55①) (70②)
6. 支配株主に対する金銭債権	(55②) (70②)
7. 取立不能の見込額（直接控除した場合）	(56②) (70②) (72③)
8. 親会社の株式（独立表示していない場合）	(58)
9. 重要な流動資産の時価が著しく低いが評価減をしていない旨	(61①)
10. 市場価格のある株式及び社債の時価が著しく低いが評価減をしていない旨	(61②)
11. 有形固定資産の減価償却累計額（直接控除した場合）	(62②)
12. 固定資産の償却年数又は残存価額を変更した旨	(65)
13. リース契約により使用する重要な固定資産	(66)
14. 所有権が留保されている固定資産	(67)
15. 取締役等に対する金銭債権	(71)
16. 子会社の株式（独立表示していない場合）	(73)
17. 資産が担保に供されている旨	(75)
18. 支配株主に対する金銭債務	(80①) (82②)
19. 子会社に対する金銭債務	(80②) (82②)
20. 取締役等に対する金銭債務	(84)
21. 保証債務，手形遡求義務，重要な係争事件に係る損害賠償義務	(85)
22. 商法施行規則第43条に規定する引当金で引当金の部に記載していないもの	(86③)
23. 新株式払込金等の金額のうち資本金に組入れを予定していない金額等	(91②)
24. 資本の欠損の注記	(92)
25. 商法施行規則第124条第1号又は第126条第1号に規定する繰延資産の超過額	(93)
26. 商法施行規則第124条第3号又は第126条第3号に規定する純資産額	(93)
27. 子会社との取引による取引高	(97①)
28. 支配株主との取引による取引高	(97②)
29. 一株当たりの当期純利益又は当期純損失	(102)

計算書類の注記の例示

1. この計算書類は，中小企業の会計に関する指針によって作成しています。
2. 重要な会計方針
   (1) 有価証券の評価基準及び評価方法
   　① 時価のあるもの　　　期末日の市場価格等に基づく時価法（評価差額は全部資本直入法によって処理し，売却原価は移動平均法により算定しています。）
   　② 時価のないもの　　　移動平均法による原価法
   (2) 棚卸資産の評価基準及び評価方法
   　　総平均法による原価法　ただし，原材料は最終仕入原価法
   　（会計方針の変更）
   　　　従来商品については最終仕入原価法による原価法を採用していましたが，当期から総平均法による原価法に変更しました。この変更による影響は軽微です。
   (3) 固定資産の減価償却の方法
   　　有形固定資産　　　　法人税法の規定による定額法，ただし，機械及び装置は定率法
   　　無形固定資産　　　　法人税法の規定による定額法
   (4) 引当金の計上方法
   　　貸倒引当金　　　　　債権の貸倒れによる損失に備えるため，一般債権について法人税法の規定による法定繰入率により計上するほか，個々の債権の回収可能性を勘案して計上しています。
   　　賞与引当金　　　　　従業員の賞与支給に備えるため，支給見込額の当期負担分を計上しています。
   　　退職給付引当金　　　従業員の退職給付に備えるため，退職金規程に基づく期末要支給額により計上しています。
   　（特則を適用している場合）
   　　　　なお，未償却の適用時差異残高は，×××千円（残存償却年数×年）であります。
   (5) リース取引の処理方法
   　　　リース物件の所有権が借主に移転するもの以外のファイナンス・リース取引については，通常の賃貸借取引に係る方法に準じた会計処理によっています。
   (6) 消費税等の会計処理
   　　　消費税等の会計処理は，税抜方式（又は税込方式）によっています。
3. 貸借対照表関係
   (1) 支配株主に対する債権債務　　短期貸付金　　　×××千円
   　　　　　　　　　　　　　　　　買掛金　　　　　×××千円
   　　　　　　　　　　　　　　　　長期借入金　　　×××千円
   (2) 有形固定資産の減価償却累計額　　　　　　　　×××千円
   (3) 担保に供している資産
   　　　　　　　　　　　　　　　　土地　　　　　　×××千円
   　　　　　　　　　　　　　　　　建物　　　　　　×××千円
   (4) 保証債務　　　　　　　　　　　　　　　　　　×××千円
4. 損益計算書関係
   (1) 支配株主との取引
   　　　　　　　　　　　　　　　　営業取引　　　　×××千円
   　　　　　　　　　　　　　　　　営業取引以外の取引　×××千円
   (2) 一株当たりの当期純利益　　　　　　　　　　　××　円

18 後発事象

後発事象

要 点
> 次期以後の財政状態及び経営成績に影響を及ぼす後発事象は，会社の財政状態及び経営成績に関する的確な判断に資するため，重要な事象については営業報告書に記載することが必要である。
> 商法施行規則第103条第1項第11号において，中会社に関して「決算期後に生じた計算書類作成会社の状況に関する重要な事実」を営業報告書に記載すべきことを定めている。

1 後発事象

83. 後発事象

　後発事象とは，決算日の翌日から計算書類の確定日までの間に発生した会社の財政状態及び経営成績に影響を及ぼす会計事象のことをいう。次期以後の財政状態及び経営成績に影響を及ぼす後発事象は，会社の財政状態及び経営成績に関する的確な判断に資するため，重要な事象については営業報告書に記載する必要がある。例えば，重要な営業の譲受あるいは譲渡，重要な事業からの撤退，主要な取引先の倒産，重要な設備投資，重要な新株の発行，火災，出水等による重大な損害の発生等が挙げられる。

企業会計原則は，重要な後発事象の開示について，後発事象とは，貸借対照表日後に発生した事象で次期以後の財政状態及び経営成績に影響を及ぼすものをいうと定義し，重要な後発事象を注記事項として開示することは，当該企業の将来の財政状態及び経営成績を理解するための補足情報として有用であるとして，財務諸表には，損益計算書及び貸借対照表を作成する日までに発生した重要な後発事象を注記しなければならないことを示し，次のものを例示しています（企業会計原則注解（注1－3）。

「① 火災，出水等による重大な損害の発生
② 多額の増資又は減資及び多額の社債の発行又は繰上償還
③ 会社の合併，重要な営業の譲渡又は譲受
④ 重要な係争事件の発生又は解決
⑤ 主要な取引先の倒産」

重要な会計方針に係る注記事項は，損益計算書及び貸借対照表の次にまとめて記載しますが，後発事象などのその他の注記事項についても，重要な会計方針の注記の次に記載することができます（企業会計原則注解（注1－4））。

後発事象（広義）は，次の2つに区分されます（監査委員会報告第76号「後発事象に関する監査上の取扱い」）。本指針は，この分類のうち，開示後発事象のことをいっています。

区　　分	内　　容
修正後発事象	発生した事象の実質的な原因が決算日現在においてすでに存在しているため，財務諸表の修正を行う事象
開示後発事象	発生した事象が翌事業年度以降の財務諸表に注記を行う必要がある事象

また，同報告は，開示後発事象の例として，次のように詳細に示し（一部のみ掲記しています），同時に，そのうち修正後発事象となることも多い事象も示しています。その本指針を適用するに当たり参考になるものと思われます。

「1　会社が営む事業に関する事象
　① 重要な営業の譲受・譲渡・合併・会社分割

② 主要な取引先の倒産
　③ 主要な取引先に対する債権放棄
　④ 重要な設備投資
２　資本の増減等に関する事象
　① 重要な新株の発行・資本の減資
　② 重要な自己株式の取得・処分・消却
３　資金の調達又は返済等に関する事象
　① 多額な資金の借入
４　子会社等に関する事象
　① 子会社等の援助のための多額な負担の発生
　② 重要な子会社等の解散・倒産
５　会社の意思にかかわりなく蒙ることとなった損失に関する事象
　① 火災，震災，出水等による重大な損害の発生
　② 不祥事等を起因とする信用失墜に伴う重大な損失の発生
６　その他
　① 重要な経営改善策又は計画の決定
　② 重要な係争事件の発生又は解決
　③ 重要な資産の担保提供」

② 適用対象企業

> **84. 小会社及び有限会社について**
> 　小会社及び有限会社について，商法施行規則では明確に規定していないが，第103条第4項は，計算書類作成会社の状況に関する重要な事項は記載することを求めている。このため，重要な後発事象は，営業報告書に開示すべきことが望ましい。

商法施行規則は,「小株式会社及び有限会社の営業報告書には,（中略）計算書類作成会社の状況に関する重要な事項（中略）を記載すれば足りる。」(103④)としていることを受けて,本指針は,重要な後発事象は営業報告書に開示すべきことが望ましいという立場を採用しています。

③ 記載例

> 85. 記載例
>
> 決算期後に生じた会社の状況に関する重要な事実
> 　平成…年…月…日開催の取締役会において,…を決議いたしました。これによる影響額は,…千円であります。

> 86. 当期の計算書類の数値に影響を及ぼす後発事象について
> 　後発事象のうち,当期の計算書類の数値に影響を及ぼすものについては,修正後発事象といい,そのうち重要性のあるものについては,計算書類を修正する必要がある。例えば,決算日後に主要な取引先が倒産し,それによりその取引先の貸倒損失見込額に対する当期の貸倒引当金が明らかに不足していると判明した場合には,当該不足額を追加計上することになる。

記載をするに当たり,標準的な記載例はありませんが,次のような点に留意が必要と思われます。

① 事象の概要とその発生時期及び原因等を示す。
② 金額が確定している場合等は,会社の財政状態及び経営成績に及ぼす影響額を示す。

SECTION 1 指針編

> ③ 今後の見通しや金額の見積りが困難である場合は，その旨及びその理由を示す。

　中小企業の場合は，187～188頁の例のうち，①売掛債権に関する事例（主要な取引先に係る倒産や債権放棄），及び②借入金に関する事例（多額な資金の借入と同時に行われる重要な資産の担保提供）に関するものが多いことと思われます。それぞれの具体例としては次のようなものが考えられます。

① 売掛債権に関する事例

　当社は，決算期後である平成〇年〇月〇日に，主要な取引先の一社が民事再生法の規定による申立てを行いました。当該取引先に対する売掛債権の合計額は8,400,000です。再生計画の内容が未定ですので，影響額は不明です。

② 借入金に関する事例

　当社は，決算期後である平成〇年〇月〇日に，〇〇銀行〇〇支店より，2億円の借入を行い，本社の土地及び建物を担保に提供しております。借入の条件及び土地及び建物の概要は次の通りです。
　1．借入金の概要
　　　（略）
　2．土地及び建物の概要
　　　（略）

19 決算公告と貸借対照表及び損益計算書の例示

決算公告と貸借対照表及び損益計算書の例示

要　点
- 貸借対照表は公告しなければならない。
- 取締役会の決議をもって，貸借対照表に記載され又は記録された情報を電磁的方法により公開することができる。その場合は，その概要ではなく，貸借対照表そのものを開示する必要がある。

1　決算公告

87．決算公告

　株式会社は，貸借対照表を公告しなければならない（商法第283条第4項）。なお，取締役会の決議をもって，貸借対照表に記載され又は記録された情報を電磁的方法により公開することができる。ただし，その場合は，その概要ではなく，貸借対照表そのものを開示する必要がある（商法第283条第7項）。

　なお，貸借対照表のみならず，損益計算書も重要な書類であるので，これらに関しても開示を行うことが望ましい。なお，電磁的方法を採用する場合，これらの要旨ではなく，記載又は記録されているものをそのまま公開することとなっている。この方法によれば，あえて要旨を作成する作業又は注記を省略するという作業は必要ないため，事務的な負担が増えることはなく，実務的には要旨の公開よりも容易である。

I 決算公告

会社が公告をする媒体には，①官報，②時事に関する事項を掲載する日刊新聞紙及び③電子公告，の３つのものがあります。

「電子公告制度の導入のための商法等の一部を改正する法律」(電子公告法，平成16年６月９日公布，平成17年２月１日施行) により，電子公告を行う場合は，その旨を定款に定め (商166ノ２③)，電子公告によっている旨及びそれが掲載されているホームページのアドレスを登記することになりました (商166①九，188②③)。なお，電子公告の期間は５年間です (商166ノ２①)。

公告方法と公告内容の関係は次のようになっています。

公告方法	大株式会社	左記以外
官報又は日刊新聞紙	貸借対照表及び損益計算書の要旨	貸借対照表の要旨
電子公告（準ずる場合を含む）	要旨による公告は不可	

II 本指針の姿勢

決算公告は商法上の義務規定であるにもかかわらず，ほとんどすべての中小企業が行っていないのが実態です。

そこで，本指針は，電磁的方法による決算公告を積極的に推進する方向を打ち出しています。まず，決算公告は義務規定であることを確認しています。次に，電磁的方法による場合は貸借対照表の要旨ではなく，貸借対照表そのものを開示する必要があることを指摘すると同時に，中小企業にとってはその方が事務負担が少なくなることを教示しています。さらに，損益計算書も電磁的方法により開示することが望ましいとして，損益計算書の開示もすすめています。

中小企業の場合は，自社の決算を取引先に開示することに抵抗感があることは否定できませんが，ホームページ上で「当社の決算公告」のコーナーを設ければ，金融機関からの与信は，確実に向上するものと思われます。

2　貸借対照表及び損益計算書の例示

> **88. 貸借対照表及び損益計算書の例示**
> 　貸借対照表及び損益計算書の例は，下記のとおりである。ただし，項目の名称については一般的なものを例示しており，企業の実態に応じてより適切に表示すると判断される場合には，項目の名称の変更又は項目の追加を妨げるものではない。
> 【例示は194～195ページ】

　指針において，商法施行規則に基づいて作成される貸借対照表及び損益計算書の「例示」が紹介されています。「ひな型」ではありませんので，企業の実態に応じて，必要な変更や追加は当然に認められます。一部の中小企業の決算書には，資本の部の表示や税引前当期純利益以下の表示が適切でないものがあります。適切な科目を用いるように財務ソフトの科目の変更・見直し等が必要です。

SECTION 1　指　針　編

計算書類（貸借対照表・損益計算書）の例示

貸借対照表（平成××年×月×日現在）			
資産の部		負債の部	
流動資産		流動負債	
現金及び預金	×××	支払手形	×××
受取手形	×××	買掛金	×××
売掛金	×××	短期借入金	×××
有価証券	×××	未払金	×××
製品及び商品	×××	未払法人税等	×××
短期貸付金	×××	賞与引当金	×××
前払費用	×××	その他	×××
繰延税金資産	×××	流動負債合計	×××
その他	×××	固定負債	
貸倒引当金（△）	×××	社債	×××
流動資産合計	×××	長期借入金	×××
固定資産		退職給付引当金	×××
（有形固定資産）		その他	×××
建物	×××	固定負債合計	×××
構築物	×××	負債合計	×××
機械及び装置	×××	資本の部	
工具，器具及び備品	×××	資本金	×××
土地	×××	資本剰余金	
（無形固定資産）		資本準備金	×××
営業権	×××	その他資本剰余金	×××
ソフトウェア	×××	自己株式処分差益	×××
その他	×××	資本剰余金合計	×××
（投資その他の資産）	×××	利益剰余金	
子会社株式	×××	利益準備金	×××
投資有価証券	×××	任意積立金	×××
長期貸付金	×××	当期未処分利益	×××
長期前払費用	×××	利益剰余金合計	×××
その他	×××	株式等評価差額金	×××
貸倒引当金（△）	×××	自己株式（△）	×××
固定資産合計	×××	資本合計	×××
繰延資産	×××		
資産合計	×××	負債・資本合計	×××

損益計算書
自 平成××年×月×日
至 平成××年×月×日

経常損益の部	
営業損益の部	
売上高	×××
売上原価	×××
売上総利益	×××
販売費及び一般管理費	×××
営業利益	×××
営業外損益の部	
営業外収益	
受取利息	×××
受取配当金	×××
雑収入	×××
営業外収益合計	×××
営業外費用	
支払利息	×××
雑支出	×××
営業外費用合計	×××
経常利益	×××
特別損益の部	
特別利益	
投資有価証券売却益	×××
特別利益合計	×××
特別損失	
固定資産除却損	×××
特別損失合計	×××
税引前当期純利益	×××
法人税，住民税及び事業税	×××
法人税等調整額	×××
当期純利益	×××
前期繰越利益	×××
当期未処分利益	×××

SECTION 1 指針編

③ キャッシュ・フロー計算書

> 89. キャッシュ・フロー計算書
> 　商法上，キャッシュ・フロー計算書の作成は要求されていない。しかし，経営者自らが会社の経営実態を正確に把握するとともに，金融機関や取引先からの信頼性の向上を図るため，キャッシュ・フロー計算書を作成することが望ましい。

　キャッシュ・フロー計算書は，証券取引法上，作成が義務付けられていますが，商法上は，作成が義務付けられていません。したがって，証券取引法の適用を受けない企業の場合は，キャッシュ・フロー計算書を作成する義務はありません。本指針は，中小企業においては，経営者自らのためにも，また，金融機関等からの信頼性を向上させるためにもキャッシュ・フロー計算書を作成することが望ましいとしています。

　キャッシュ・フロー計算書の作成方法には，次の2つの方法があります。

直 接 法	主要な取引ごとにキャッシュ・フローを総額表示する方法
間 接 法	税引前当期純利益に非資金損益項目，営業活動に係る資産及び負債の増減，投資活動によるキャッシュ・フロー及び財務活動によるキャッシュ・フローの区分に含まれる損益項目を加減して表示する方法

　キャッシュ・フロー計算書には，次の3つの区分が設けられます。これにより，営業資金，投資資金の調達源泉と投下状況等を把握することができます。

区分	内容
営業活動によるキャッシュ・フロー	経常的な事業活動によって企業が一定期間に稼ぎ出したキャッシュ・フロー
投資活動によるキャッシュ・フロー	固定資産や短期投資の取得及び売却等によるキャッシュ・フロー
財務活動によるキャッシュ・フロー	資金の調達及び返済によるキャッシュ・フロー

　本指針は，キャッシュ・フロー計算書の例示を行っていません。中小企業の場合は，自社にとって作成しやすい方法等を採用することも認められるものと思われます。

SECTION 2

実務編

1 金銭債権

1 取得価額と債権金額とが異なる場合の処理

》 P.23, 12.取得価額と債権金額とが異なる場合の処理

CASE 1 債権金額以外の金額で債権を取得した場合

　金銭債権には，債権金額を付すのが原則ですが，債権金額10,000の金銭債権（例えば，長期貸付金で年利2.669%で4年後に返済の条件）を9,000で取得した場合のように，取得価額と債権金額とが異なる場合の取扱いは次のようになります。

【仕　訳】

　　（借）長 期 貸 付 金　　10,000　　（貸）現 金 預 金　　9,000
　　　　　　　　　　　　　　　　　　　　　前 受 利 息　　1,000

解説

　考え方として，長期貸付金を利息を天引きして貸し付けた場合と同じ処理になります。

　なお，金融業を営む中小企業を除いて，取得価額と債権金額とが異なるという状況は，稀なケースだと思われます。

　前受利息のうち期間の経過により実現した部分については，受取利息として認識することになります。債権金額と取得価額との差額は，多くの場合は金利の調整であると思われます。

　しかし，金利の調整以外のものが含まれている場合は，他の科目で計上することになります。具体的には，前受手数料等の科目があります。

CASE 2 債権金額の金利調整の仕方

CASE 1の場合において，債権金額と取得価額との差額が金利の調整であるときは，決済期日までの期間にわたり，毎期一定の方法で加減して処理します。

解説

債権金額と取得価額との差額が金利の調整であるときは，決済期日までの期間にわたり，償却原価法により毎期加減して処理します。

償却原価法の種類	内容
利 息 法	債券の利息受取額と金利調整差額の合計額を債券の帳簿価額に対し，一定率（これを「実効利子率」といいます）となるように，複利をもって各期の損益に配分する方法をいいます。
定 額 法	債券の金利調整差額を取得日から償還日までの期間で除して各期の損益に配分する方法をいいます。

それぞれ次のように計算します。

例：9,000を年利2.669%で貸し付け，4年後に10,000の返済を受ける場合		
利息の認識時点	利 息 法	定 額 法
1 年 後	9,000×2.669%＝240	(10,000－9,000)÷4＝250
2 年 後	9,240×2.669%＝247	250
3 年 後	9,487×2.669%＝253	250
4 年 後	9,740×2.669%＝260	250
利息の合計	240＋247＋253＋260＝1,000	250×4＝1,000

【仕 訳】

- 利息法の場合（1年目）

（借）前 受 利 息　　240　　（貸）受 取 利 息　　240

- 定額法の場合（1年目）

（借）前 受 利 息　　250　　（貸）受 取 利 息　　250

CASE 3 決済時に金利調整を認識する方法

CASE1において、取得価額と債権金額との差額に重要性が乏しい場合には、決済時点において差額を受取利息又は支払利息として認識することもできます。

【仕 訳】

(借)前 受 利 息　　1,000　　(貸)受 取 利 息　　1,000
(借)現 金 預 金　　10,000　　(貸)長 期 貸 付 金　10,000

2 金銭債権の譲渡　» P.26, 14.金銭債権の譲渡

CASE 4 手形の割引

額面10,000の手形を割り引き、9,000の入金がありました。保証債務の時価相当額については、便宜上、ないものとします。

【仕 訳】

(借)現 金 預 金　　9,900　　(貸)受 取 手 形　　10,000
　　手 形 譲 渡 損　　100

解説

手形の額面金額と入金額との差額が手形譲渡損となります。

なお、「手形売却損」又は「手形譲渡損」のいずれで表示するのかについてです。本指針は、「手形割引時に、手形譲渡損が計上される。」と示しています。また、金融商品会計に関する実務指針には、「譲渡金額から、譲渡原価である帳簿価額を差し引いた額を手形売却損益として処理する。」とあります。そして、実務指針の設例16では、「手形売却損」の科目を用いた仕訳例が示されています。

まず、期中処理については任意です。次に、期末の損益計算書の表示については、手形売却損と手形譲渡損のいずれで表示することも可能です。要は、「支払利息割引料」として表示しないことが重要なのです。

③ 金銭債権の注記 》P.27, 15.貸借対照表上の表示

CASE 5　金銭債権の注記

中小企業においても、子会社又は支配株主に対する金銭債権で流動資産の部で表示されるもの、取締役・監査役等に対する金銭債権などを注記する場合には、次のように表示します。

【表　示】

◉　科目別注記方式

貸借対照表関係		
(1)　取締役に対する金銭債権	長期貸付金	18,000,000円
(2)　子会社に対する金銭債権	受取手形	5,250,000円
	売掛金	7,350,000円

(2)の部分が科目別注記方式になっています。

◉　一括注記方式

(1)　取締役に対する金銭債権	長期貸付金	18,000,000円
(2)　子会社に対する短期金銭債権		12,600,000円

(2)の部分が一括注記方式になっています。

金銭債権・債務全体を示した注記例

金銭債権の他に金銭債務も同時に存在する場合は、次のように記載します。

本指針は，支配株主に対する債権債務として，同様の事例を示しています（「計算書類の注記の例示」を参照）。

(1)	取締役に対する金銭債権	長期貸付金	18,000,000円
(2)	子会社に対する債権債務	受取手形	5,250,000円
		売　掛　金	7,350,000円
		買　掛　金	1,400,000円
		短期借入金	25,000,000円

2 貸倒損失・貸倒引当金

1 貸倒損失 ≫p.32, 17.貸倒損失

CASE 6　貸倒処理

> 例：前期末貸倒引当金（見積高）が8,000で当期に貸倒損失が3,000発生した場合

解説

貸倒損失の計上に関する会計処理は，次のようになります。

【仕　訳】

まず，債権の金額を貸倒損失として計上し，債権金額から直接減額します。

　　（借）貸　倒　損　失　　3,000　　（貸）売　　掛　　金　　3,000

次に，貸倒引当金を取り崩します。貸倒損失による貸倒引当金の取崩は，グルーピングした債権とそれに対応する貸倒引当金ごとに行います。上記の事例の場合は，取り崩す金額は，貸倒損失の金額（3,000）と貸倒対象債権に係る貸倒引当金（8,000）とのいずれか少ない金額（3,000）です。

　　（借）貸　倒　引　当　金　　3,000　　（貸）貸倒引当金戻入益　　3,000

最後に，貸倒損失と貸倒引当金取崩益とを相殺します。相殺後に，貸倒引当金が過剰ならば戻入益が生じることもあります。

　　（借）貸倒引当金戻入益　　3,000　　（貸）貸　倒　損　失　　3,000

中小企業の実務においては，次のように一括して仕訳をしている例が多いと思われます。結果は同じとなりますが，貸倒損失は債権金額から直接控除（直接償却）されるものであるという会計上の理解は必要です。

(借) 貸倒引当金　3,000　　(貸) 売　掛　金　3,000

CASE 7　貸倒損失の表示（損益計算書）

① **販売費及び一般管理費**

　　貸倒損失 ← 営業上の債権で，臨時巨額でないもの

② **営業外費用**

　　貸倒損失 ← 営業上の債権以外の債権で，臨時巨額でないもの

③ **特別損失**

　　貸倒損失 ← 営業上の債権，営業上の債権以外の債権のいずれであっても臨時巨額であるもの

(注)　営業上の債権以外の債権について，貸倒損失の金額が僅少な場合は，販売費に含めることができます。

② 貸倒引当金　≫p.36, 18.貸倒引当金

CASE 8　貸倒引当金の繰入・繰戻（取崩）の仕訳

　貸倒引当金の繰入・繰戻に関する損益計算書上の表示について，本指針は，差額補充方式によるべきことを示しています。差額補充方式と洗替方式の相違は次の通りです。

解説

(1) 差額補充方式

例：前期末貸倒引当金（見積高）　8,000
　　当期末貸倒引当金（見積高）　10,000

① **差額補充方式―繰入の場合―**

【仕訳】

(借) 貸倒引当金繰入額　2,000　　(貸) 貸 倒 引 当 金　2,000

【表示】

貸倒引当金の設定対象債権	表示する区分
売掛金，受取手形その他等営業上の取引に基づいて発生した債権	販売費及び一般管理費
貸付金等その他通常の営業取引外の取引に基づいて発生した債権	営業外費用
上記のいずれの場合であっても貸倒引当金繰入額の金額が臨時・巨額である場合	特 別 損 失

② **差額補充方式―戻入（取崩）の場合―**

上記の例で，当期末貸倒引当金の見積金額が7,500である場合は，次のようになります。

【仕訳】

(借) 貸 倒 引 当 金　500　　(貸) 貸倒引当金戻入益　500

この場合の，貸倒引当金戻入益は，特別利益の区分に表示します（金融商品会計に関する実務指針125）。貸倒引当金戻入益が発生するのは，前期末の繰入額が過大であったからであると考えることができます。すなわち，当期末において前期末の過大計上額を修正するという意味で前期損益修正益の性質を有することになります。それゆえに，特別利益の区分に表示することになるのです。

(2) 洗替方式

上記(1)の例で，洗替方式による当期末の仕訳は次のようなります。

【仕訳】

(借) 貸倒引当金	8,000	(貸) 貸倒引当金戻入益	8,000
(借) 貸倒引当金繰入額	10,000	(貸) 貸倒引当金	10,000

① 洗替方式の場合の問題点

貸倒引当金繰入額は，販売費，営業外費用又は特別損失のいずれかになりますが，貸倒引当金戻入益は，営業外収益又は特別利益のいずれかになります。

そして，両者に対応関係を求めた場合，販売費とした貸倒引当金繰入額に相当する金額の戻入益の表示区分に矛盾が生じます。また前期の見積り誤りはどのように表示されるのかの問題が解決されません。

② 洗替方式で期中の処理をしている場合の対処方法

洗替法で期中処理をしている場合は，貸倒引当金繰入額と貸倒引当金戻入益とを相殺し，相殺後の残高を，その性質に応じて，販売費及び一般管理費，営業外費用，特別損失又は特別利益のいずれかに表示することにより，結果として，差額補充法と同様の表示にすることができます。

CASE 9 貸倒引当金の表示例

受取手形100,000，これに対する貸倒引当金300，売掛金250,000，これに対する貸倒引当金1,200である場合

【表示】

◉ 科目別控除形式

受 取 手 形	100,000	
貸 倒 引 当 金	△ 300	99,700
売 掛 金	250,000	
貸 倒 引 当 金	△1,200	248,800

- 一括控除形式

受 取 手 形	100,000	
売 掛 金	250,000	
貸 倒 引 当 金	△1,500	348,500

- 科目別注記形式

受 取 手 形（注1）	99,700
売 掛 金（注2）	248,800

    （注1） このほかに貸倒見積額が300ある。
    （注2） このほかに貸倒見積額が1,200ある。

- 一括注記形式

受 取 手 形（注）	99,700
売 掛 金（注）	248,800

    （注） 受取手形および売掛金については，このほかに貸倒見積額が1,500ある。

解説

本指針の立場と中小企業の対応

科目別控除形式が明瞭性の原則の観点から最も優れていると考えられますが，中小企業の場合は，流動資産又は投資その他の資産から一括して控除形式で表示する方法が簡便であると思われます。本指針の末尾にある「計算書類（貸借対照表・損益計算書）の例示」は，この方法を示しています。

3 当期における貸倒損失の発生　≫p.32, 17.貸倒損失, 18.貸倒引当金

CASE 10　当期に貸倒損失が発生した場合

次のそれぞれの事例における仕訳及び損益計算書項目の表示箇所は次のようになります。設定対象債権はすべて売掛金等とします。ただし，貸倒損失の仕

SECTION 2 実務編

訳は便宜上，以下のように行います。

(借)貸倒引当金　×××　(貸)売　掛　金　×××

> 例：前期末貸倒引当金（見積高）　8,000
> 　　当期末貸倒引当金（見積高）　10,000
> 　　当期の貸倒損失　3,000

(借)貸倒引当金　3,000　(貸)売　掛　金　3,000
(借)貸倒引当金繰入額　5,000　(貸)貸倒引当金　5,000
　　　―販　売　費―

> 例：前期末貸倒引当金（見積高）　8,000
> 　　当期末貸倒引当金（見積高）　4,000
> 　　当期の貸倒損失　3,000

(借)貸倒引当金　3,000　(貸)売　掛　金　3,000
(借)貸倒引当金　1,000　(貸)貸倒引当金戻入益　1,000
　　　　　　　　　　　　　　　―特　別　利　益―

> 例：前期末貸倒引当金（見積高）　8,000
> 　　当期末貸倒引当金（見積高）　4,000
> 　　当期の貸倒損失　9,000

(借)貸倒引当金　8,000　(貸)売　掛　金　9,000
　　貸　倒　損　失(注)　1,000
(借)貸倒引当金繰入額　4,000　(貸)貸倒引当金　4,000
　　　―販　売　費―

（注）　前期末の貸倒引当金が当期の貸倒損失額に満たない場合は，次により区分して判断します。

前期末の貸倒引当金が不足した原因	表示区分及びその理由
貸倒引当金の計上不足が当期中における債務者の状況の変化によるものである場合	前期末における見積誤差でありませんので，前期損益修正とはなりません。債権の種類に応じて，販売費又は営業外費用とします。臨時巨額の場合は，特別損失となります。
前期末における見積誤差によるものである場合	前期損益修正損としての性質を有しますので，特別損失の区分に表示します。

3 有価証券

1 その他有価証券の会計処理

>>p.44, 19.有価証券の分類と会計処理の概要

CASE 11 全部資本直入法と部分資本直入法

銘　　柄	取得価額	期末時価
A　株　式	3,000	4,500
B　株　式	2,000	1,200

実効税率　40%

上記の例の場合, 次のような仕訳となります。

【仕　訳】

● A　株　式

　（借）その他有価証券　　1,500　　（貸）繰延税金負債　　　　600
　　　　　　　　　　　　　　　　　　　　　有価証券評価差額　　900

● B　株　式

　（借）繰延税金資産　　　　320　　（貸）その他有価証券　　　800
　　　　有価証券評価差額　　480

（注）税効果会計の処理を示していますが, 税効果会計の適用の要否については, 税効果会計の項（第61項～第66項）を参照してください。

解説

(1) **全部資本直入法の場合**

上記の仕訳を一括して表示した場合は次のようになります。

3 有価証券

【仕 訳】

◉ A・B株式

(借) その他有価証券　　　700　　(貸) 繰延税金負債　　　280
　　　　　　　　　　　　　　　　　　　有価証券評価差額　　420

　有価証券評価差額420を資本の部に表示します。損益計算書には計上しません。その結果，勘定残高は以下のようになります。

　その他有価証券　　　700
　繰延税金負債　　　　280
　有価証券評価差額　　420（差益）

【申告調整】

　資本の部に直接計上し，法人税等調整額が発生しませんので，申告調整は別表五㈠でのみ行います。

〔別表五㈠〕

区　　分	期首現在利益積立金額	当期中の増減		当期利益処分等による増減	差引翌期首現在利益積立金額
		減	増		
その他有価証券			△700		△700
繰延税金負債			280		280
有価証券評価差額			420		420

(2) 部分資本注入法の場合

【仕 訳】

◉ A 株 式

(借) その他有価証券　　1,500　　(貸) 繰延税金負債　　　600
　　　　　　　　　　　　　　　　　　　有価証券評価差額　　900

　A株式については，資本の部に計上します。上記と場合と同様の取扱いです。

【申告調整】

　別表四の調整は不要です。

〔別表五㈠〕

区　　　分	期首現在利益積立金額	当期中の増減		当期利益処分等による増減	差引翌期首現在利益積立金額
		減	増		
その他有価証券			△1,500		△1,500
繰延税金負債			600		600
有価証券評価差額			900		900

　上記の申告調整は，A株式についてのみ示しています。株式の銘柄が数銘柄ある場合は，申告調整の内容を別途管理した上で，合算して申告調整すると便利です。

【仕　訳】

● B　株　式

　　（借）有価証券評価損　　　800　　（貸）その他有価証券　　　800
　　（借）繰延税金資産　　　　320　　（貸）法人税等調整額　　　320

【申告調整】

　B株式については，損益計算書において損失480（有価証券評価損800，法人税等調整額320の差額）を計上しますので，別表四での申告調整も必要となります。B株式に関する別表四及び五㈠は，次のようになります。

〔別表四〕

	区　　分	総　　額	処　　分	
			留　保	社外流出
加算	有価証券（B株式）評価損否認	800	800	
減算	法人税等調整額（B株式）	320	320	

〔別表五㈠〕

区　　　分	期首現在利益積立金額	当期中の増減		当期利益処分等による増減	差引翌期首現在利益積立金額
		減	増		
その他有価証券（B　株　式）			800		800
繰延税金資産（B　株　式）			△320		△320

② 有価証券の減損 ≫p.51, 22. 有価証券の減損

CASE 12 その他有価証券について減損処理をした場合

　その他有価証券としている上場株式について、期末における時価が3,000となり、取得原価である10,000に比べて50％程度以上下落し、回復の可能性が見込まれなかったので、その株式について減損処理した。

【仕　訳】

| （借） | その他有価証券評価損 | 7,000 | （貸） | その他有価証券 | 7,000 |

【申告調整】

　申告調整は、不要です。

解説

　減損処理後の帳簿価額（期末の時価）が翌期首の取得原価となりますので（切放し法）、洗替え等の処理は不要です。

CASE 13 法人税法上の評価損の要件を満たさなかった場合

　上記のCASE 12において、時価の下落が一時的なものであると認められたにもかかわらず、減損処理をした。実効税率は40％とする。

【仕　訳】

| （借） | その他有価証券評価損 | 7,000 | （貸） | その他有価証券 | 7,000 |
| （借） | 繰延税金資産 | 2,800 | （貸） | 法人税等調整額 | 2,800 |

【申告調整】

　法人税法上の評価損の要件を満たさないので、申告調整が必要です。

〔別表四〕

区 分		総額	処分	
			留保	社外流出
加算	有価証券評価損否認	7,000	7,000	
減算	法人税等調整額	2,800	2,800	

〔別表五㈠〕

区 分	期首現在利益積立金額	当期中の増減		当期利益処分等による増減	差引翌期首現在利益積立金額
		減	増		
その他有価証券			7,000		7,000
法人税等調整額			△2,800		△2,800

4 棚卸資産

1 低価法 »p.60, 27.棚卸資産の評価基準

CASE 14 低価法を適用した場合の翌期における処理方法

翌期における取得原価の方法には，次の2つの方法があります。

低価法の種類	内　　　容
切放し低価法	棚卸資産の評価減後の簿価を翌期における取得原価とする方法
洗替低価法	棚卸資産の評価減前の簿価を翌期における取得原価とする方法

```
例：取得価額      10,000
　　当期末の時価   9,500
　　翌期末の時価   9,800
```

(1) 切放し低価法

【仕訳】

当期末
　（借）棚卸資産評価損　　500　　（貸）棚　卸　資　産　　500
　　➡ 評価額は9,500となる

翌期首　仕訳なし
　　➡ 評価額（取得原価）は9,500のまま

翌期末　仕訳なし
　　➡ 評価額は9,500のまま

SECTION 2 実務編

(2) 洗替低価法

【仕 訳】

- 当 期 末
  (借)棚卸資産評価損　　500　　(貸)棚　卸　資　産　　500
  　➡ 評価額は9,500となる
- 翌 期 首
  (借)棚　卸　資　産　　500　　(貸)棚卸資産評価益　　500
  　➡ 評価額（取得原価）は10,000に戻る
- 翌 期 末
  (借)棚卸資産評価損　　300　　(貸)棚　卸　資　産　　300
  　➡ 評価額は9,700となる

解説

　保守主義の立場からは，切放し低価法のほうが妥当であると考えられますが，本指針は，翌期における処理については言及していませんので，任意選択となっています。

　低価法を適用した場合に生ずる評価損は，原則として売上原価の内訳項目又は営業外費用として表示します（企業会計原則注解（注10(1)））。

　なお，法人税法上，切放し低価法を適用するには一定の要件を充たす必要がありますので，留意が必要です（法令28②）。

CASE 15　低価法の時価に正味実現可能価額を採用した場合

例：帳簿価額	10,000
売却に要する費用	2,000
流通価格	9,000

時価は，以下のようになります。

正味実現可能価額　10,000－2,000＝8,000

再調達価額　　　　　　　　　9,000

解説

本指針は，低価法を適用するに当たっての時価について，正味実現可能価額と再調達価額とを事実上の選択性にしています。しかし，法人税法では再調達価額のみが認められていることから，正味実現可能価額を採用した場合は，申告調整を行う必要が生じます。実効税率は，40％とします。

【仕　訳】

（借）棚卸資産評価損　　2,000　　（貸）棚　卸　資　産　　2,000

このうち，1,000相当額（9,000－8,000）については，法人税法上，評価損の計上が認められませんので，次の仕訳が必要となります。

（借）棚　卸　資　産　　1,000　　（貸）棚卸資産評価損　　1,000
（借）繰延税金資産　　　 400　　（貸）法人税等調整額　　　400

【申告調整】

〔別表四〕

	区　　　分	総　額	処　分	
			留　保	社外流出
加算	棚卸資産評価額	1,000	1,000	
減算	法人税等調整額	400	400	

〔別表五(一)〕

区　分	期首現在利益積立金額	当期中の増減		当期利益処分等による増減	差引翌期首現在利益積立金額
		減	増		
棚　卸　資　産			1,000		1,000
繰延税金資産			△400		△400

SECTION 2　実　務　編

② 棚卸資産の評価損　≫p.64, 29.棚卸資産の評価損

CASE 16　棚卸資産の評価損

　原価方法を採用している場合に，棚卸資産の評価損を計上したときで，法人税法上の強制評価減の規定が示している事例に該当しない場合は，申告調整をする必要があります。その場合の別表の処理は，上記CASE15の別表四及び別表五㈠と同様になります。

5 固定資産

1 固定資産の取得価額 »p.72, 33.固定資産の取得価額

CASE 17　少額の付随費用

土地を取得するに際して，土地の鑑定評価の費用（300,000円）及び土地の測量費の一部（250,000円）を負担した。税効果会計は適用しないものとします。

解説

会計上は，少額の付随費用について重要性が乏しいものについては，取得価額に算入しないことができます。

法人税法上は，固定資産取得のための借入金利子，不動産取得税，登録免許税その他登記又は登録のために要する費用等，法人税基本通達7－3－1の2，7－3－2，7－3－3の2が示しています。

取得価額に算入すべき付随費用としては，次のようなものがあります。
① 土地の鑑定料，土地の測量費，建物の設計費
② 不動産の購入・仲介手数料

これらの費用については，会計上は費用とした場合でも，法人税法上は損金となりません。

【申告調整】

〔別表四〕

区　分		総　額	処　分	
			留　保	社外流出
加算	土地取得経費否認	550,000	550,000	

SECTION 2 実務編

〔別表五(一)〕

区　分	期首現在利益積立金額	当期中の増減		当期利益処分等による増減	差引翌期首現在利益積立金額
		減	増		
土　地			550,000		550,000

② 固定資産の減価償却 ≫p. 75, 34. 固定資産の減価償却

CASE 18　減価償却費の償却超過額

> 例：機械装置
> 　　取得価額　　3,000,000円
> 　　法定耐用年数　10年（0.1）
> 　　会社が見積もった耐用年数　8年（0.125）
> 　　償却の方法　　定額法
> 　　実効税率　　40%

解説

法人税法上の減価償却費の損金算入限度額

　3,000,000×0.9×0.1＝270,000円

会社が計上した減価償却費

　3,000,000×0.9×0.125＝337,500円

償却超過額

　337,500円－270,000円＝67,500円

【仕　訳】

　　（借）繰延税金資産　　27,000　　（貸）法人税等調整額　　27,000

【申告調整】

〔別表四〕

区　　　分		総　額	処　分	
			留　保	社外流出
加算	減価償却費超過	67,500	67,500	
減算	法人税等調整額	27,000	27,000	

〔別表五㈠〕

区　分	期首現在利益積立金額	当期中の増減		当期利益処分等による増減	差引翌期首現在利益積立金額
		減	増		
機械装置			67,500		67,500
繰延税金資産			△27,000		△27,000

CASE 19　特別償却

> 例：機械装置　　4,000,000円
> 　中小企業者等が機械などを取得した場合の特別償却を適用するものとします。
> 　特別償却限度額　　取得価額の30％
> 　実効税率　　　　　40％

解説

(1) 税効果会計を適用しない場合

少し複雑になりますので，税効果会計を適用しない場合をまず考えます。

【仕訳】

　（借）未処分利益　1,200,000　　（貸）特別償却準備金　1,200,000

SECTION 2 実務編

【申告調整】

〔別表四〕

区　　　分	総　額	処　分	
		留　保	社外流出
減算　特別償却準備金認定損	1,200,000	1,200,000	

〔別表五㈠〕

区　　分	期首現在利益積立金額	当期中の増減		当期利益処分等による増減	差引翌期首現在利益積立金額
		減	増		
特別償却準備金				1,200,000	1,200,000
特別償却準備金認容			△1,200,000		△1,200,000

　租税特別措置法に規定する特別償却は，法人税法上の恩典であり，会計上の正規の減価償却に該当しません。したがいまして，損益計算書に直接反映することが適切ではないとされます。それで，特別償却に基づく償却費の額は，利益処分により特別償却準備金として計上することになります。

　当期利益処分等による増減欄の1,200,000円は，特別償却費を利益処分により特別償却準備金として積み立てたことを意味します。

　しかし，それでは法人税法上の恩典が所得計算に反映されませんので，申告調整が必要となります。具体的には，別表四で申告減算（留保）し，別表五㈠で当期中の増欄にマイナスで記載します。

(2) 税効果会計を適用した場合

　特別償却は正規の減価償却ではないにもかかわらず，法人税法上損金となったものです。法人税法上は税金を納付する金額が480,000円減少したことを意味します。しかし，会計上は税金を費用として負担したものと認識する必要があります。そこで，税効果会計を適用した場合は，次のような仕訳となります。

【仕　訳】

① まず，税効果会計を適用しないものとして，特別償却準備金を計上します。
　　（借）未処分利益　1,200,000　　（貸）特別償却準備金　1,200,000

② 次に，繰延税金負債の認識をします。
　　（借）法人税等調整額　　480,000　　（貸）繰延税金負債　　480,000
③ 最後に，税効果会計の適用により，資本の部の計上する特別償却準備金1,200,000円のうち，480,000円は未払税金として認識することになります。次の仕訳が，本指針の「繰延税金負債を控除した金額を特別償却準備金として計上する」の仕訳になります。なお，連続意見書第四には「利益処分により租税特別措置法上の諸準備金等が資本の部に計上されている場合には，当該諸準備金等に係る繰延税金負債を，当該諸準備金等から控除して計上する。」と規定されています。
　　（借）特別償却準備金　　480,000　　（貸）未処分利益　　480,000
④ 仕訳を一括すると次のようになります。
　　（借）未処分利益　　720,000　　（貸）特別償却準備金　　720,000
　　（借）法人税等調整額　　480,000　　（貸）繰延税金負債　　480,000

【申告調整】

〔別表四〕

区　分		総　額	処　分	
			留　保	社外流出
加算	法人税等調整額	480,000	480,000	
減算	特別償却準備金認定損	1,200,000	1,200,000	

〔別表五㈠〕

区　分	期首現在利益積立金額	当期中の増減		当期利益処分等による増減	差引翌期首現在利益積立金額
		減	増		
特別償却準備金				720,000	720,000
特別償却準備金認容		△1,200,000			△1,200,000
繰延税金負債			480,000		480,000

3 圧縮記帳 ≫p.82, 35.圧縮記帳

CASE 20 圧縮記帳

交換により土地を取得し，利益処分方式による圧縮記帳を行った。

　　圧縮記帳額　　1,200,000円
　　実効税率　　　　40%

解説

取得事業年度の仕訳の概要は次の通りです。別表調整については，上記CASE 19と同様になります。

【仕訳】

① 税効果会計を適用しない場合
　　(借) 未 処 分 利 益 1,200,000　　(貸) 土地圧縮積立金 1,200,000
② 税効果会計を適用する場合
　　(借) 未 処 分 利 益 1,200,000　　(貸) 土地圧縮積立金 1,200,000
　　(借) 法人税等調整額　 480,000　　(貸) 繰延税金負債　 480,000
　　(借) 土地圧縮積立金　 480,000　　(貸) 未 処 分 利 益　 480,000

4 減 損 ≫p.85, 36.有形固定資産及び無形固定資産の減損

CASE 21 減 損

工場が長期間にわたって未稼働の状態が続いている。

	帳簿価額	回収可能額（時価）
土　地	100,000	10,000

建　　　物　　　×××　　　　××
機 械 装 置　　　×××　　　　××

実効税率は40％とします。

解説

減損損失を認識した場合，会計上の損失であっても，法人税法上の評価換えによる損金算入の要件を満たさない場合には，申告調整が必要になります。

【仕　訳】

（借）減 損 損 失　900,000　　（貸）土　　　　地　900,000
（借）繰 延 税 金 資 産　360,000　　（貸）法人税等調整額　360,000

【申告調整】

〔別表四〕

区　　　分	総　額	処　分	
		留　保	社外流出
加算　土地減損失否認	900,000	900,000	
減算　法人税等調整額	360,000	360,000	

〔別表五㈠〕

区　　分	期首現在利益積立金額	当期中の増減		当期利益処分等による増減	差引翌期首現在利益積立金額
		減	増		
土　　　地			900,000		900,000
繰 延 税 金 資 産			△360,000		△360,000

6 引当金

1 賞与引当金　»p.114, 50.表　示

CASE 22　賞金引当金の表示

当　期
　賞与引当金を5,300,000円引き当てた。

翌　期
　従業員に賞与を9,600,000円支給した。また，賞与引当金を5,500,000円引き当てた。

解説

賞与引当金は条件付債務であり，通常1年以内に使用されることから，流動負債の部に「賞与引当金」として次のように区分表示します。

(1) **当事業年度の処理**

【仕訳】
　（借）賞与引当金繰入額　5,300,000　　（貸）賞 与 引 当 金　5,300,000

【表示】
● 貸借対照表

	負 債 の 部 流動負債の部 　賞 与 引 当 金　　5,300,000

◉ 損益計算書

販売費及び一般管理費	
賞与引当金繰入額	5,300,000

(2) 翌事業年度の処理

【仕　訳】

　　（借）賞 与 引 当 金 5,300,000　　（貸）現 金 預 金 9,600,000
　　　　　賞　　　　　与 4,300,000
　　（借）賞与引当金繰入額 5,500,000　　（貸）賞 与 引 当 金 5,500,000

【表　示】

◉ 貸借対照表

	負 債 の 部	
	流動負債の部	
	賞 与 引 当 金	5,500,000

◉ 損益計算書

販売費及び一般管理費	
賞　　　　　与	4,300,000
賞与引当金繰入額	5,500,000

CASE 23　賞与引当金の申告調整

当　期

　賞与引当金を5,300,000円引き当てた。

翌　期

　賞与引当金を5,500,000円引き当てた。

SECTION 2 実務編

> 解説

賞与引当金については，その計上額の全額が損金不算入となりますので，申告調整が必要です。

【申告調整】

◉ 当期の処理

〔別表四〕

	区　　分	総　額	処　分	
			留　保	社外流出
加算	賞与引当金繰入否認	5,300,000	5,300,000	

〔別表五㈠〕

区　分	期首現在利益積立金額	当期中の増減		当期利益処分等による増減	差引翌期首現在利益積立金額
		減	増		
賞与引当金			5,300,000		5,300,000

◉ 翌期の処理

〔別表四〕

	区　　分	総　額	処　分	
			留　保	社外流出
加算	賞与引当金繰入否認	5,500,000	5,500,000	
減算	前期賞与引当金繰入否認額認容	5,300,000	5,300,000	

〔別表五㈠〕

区　分	期首現在利益積立金額	当期中の増減		当期利益処分等による増減	差引翌期首現在利益積立金額
		減	増		
賞与引当金	5,300,000	5,300,000	5,500,000		5,500,000

2 未払賞与 ≫p.115, 51.賞与引当金の計上額

CASE 24 未払賞与の表示

当　期
　賞与5,300,000円を未払計上した（未払計上の要件を満たしているものとします）。

翌　期
　従業員に賞与を5,300,000円支給した。

解説

従業員への未払賞与について、次の要件を満たしている場合は、その支給額を通知した日の属する事業年度の損金の額に算入されます。
① 支給額を各人別に、かつ、同時期に支給を受けるすべての使用人に対して通知していること
② 通知日の属する事業年度終了の日の翌日から1ヶ月以内に支払っていること
③ 通知日の属する事業年度で損金経理していること

(1) **当期の処理**

【仕　訳】
　（借）賞　　　　与　5,300,000　（貸）未　払　賞　与　5,300,000

【表　示】

	負債の部　　　　　　　　　　　　　　　流動負債の部　　　　　　　未　払　賞　与　　5,300,000

SECTION 2 実務編

◉ 損益計算書

販売費及び一般管理費	
賞　　　　与	5,300,000

(2) 翌期（支給時）の処理

【仕　訳】

　　（借）未 払 賞 与 5,300,000　　（貸）現 金 預 金 5,300,000

7 退職給付債務・退職給付引当金

≫p. 120, 52. 退職給付制度～57. 特則

1 退職給与引当金の縮減・廃止

　従来の退職給与引当金は、企業が損金経理により退職給与引当金勘定に繰り入れた場合には、その金額のうち繰入限度額に達するまでの金額をその事業年度の所得の金額の計算上損金の額に算入することになっていました。

　平成10年度税制改正以前においては、期末退職給与の要支給額が40％であると規定されていました。これは従業員の退職までの平均勤務期間が12年、平均利回りが8％であると仮定した場合の割引率が40％であることに基づくものです。その後、平成10年度改正法附則によりこの割引率が段階的に20％にまで下げられてきました。

　そして、平成14年度税制改正により退職給与引当金の制度は廃止され、改正事業年度の直前事業年度末における退職給与引当金の額は、平成14年度から平成17年度までの4年間（中小企業の場合は、10年間）で取り崩されることになりました。今後、退職給付引当金の計上は、すべて有税で処理することになります。

2 会計と税法の乖離

　このように退職給付会計を適用した場合、会計上の退職給付債務の認識及び退職給付引当金の計上は、税法上の取扱いとは無関係に計上されることになります。つまり、退職給付費用が認識され退職給付費用が計上されても現行の法人税法上は損金の額に算入されませんので、その退職給付費用の全額を別表四で所得金額に加算し別表五㈠で留保とすることになります。

CASE 25 退職給付引当金の繰入

改正事業年度（平成15年3月31日以後最初に終了する事業年度）
　　自平成14年4月1日　至平成15年3月31日
平成14年4月1日における退職給与引当金
　　会社計算上の（会計上の）退職給与引当金　　7,200,000円
　　税務上の退職給与引当金　　7,200,000円
　　退職給与引当金繰入超過額　　0円
　　（税務上の限度額の繰入れのみを行っていたとします）
期末自己都合要支給額　　15,000,000円
中小企業退職金共済制度から支給される退職一時金　　5,000,000円
従業員の平均残存勤務年数は，不明とします。

　また，改正事業年度終了の時における資本の金額又は出資の金額が1億円以下の普通法人及び協同組合等は，改正時の退職給与引当金の金額を120月で取り崩していきますが，当社はそれに該当するものとします（税効果会計は適用しないものとします）。

解説

　当事業年度（自平成17年4月1日　至平成18年3月31日）の税務上の退職給与引当金は，次のようになります。改正事業年度以降は，決算書上，規則的な取崩しを行っており，簡便化のために，すでに計上されている退職給付引当金には有税引当部分はなかったものとします。

事業年度	取崩額	期末の税務上の退職給与引当金
平成14年4月1日～平成15年3月31日	720,000円	6,480,000円
平成15年4月1日～平成16年3月31日	720,000円	5,760,000円
平成16年4月1日～平成17年3月31日	720,000円	5,040,000円
平成17年4月1日～平成18年3月31日	720,000円	4,320,000円

この中小企業の退職給付債務は，次のようになります。

　退職給付債務（10,000,000）＝期末自己都合要支給額（15,000,000）
　　　　　　　　－中小企業退職金共済制度等からの退職一時金（5,000,000）

したがって，この中小企業の適用時差異は，次のようになります。

　適用時差異（5,680,000）＝退職給付債務（10,000,000）
　　　　　　　　　　　　　　　　　　　　－既計上額（4,320,000）

　10年以内の一定の年数又は従業員の平均残存勤務年数のいずれか短い年数にわたり定額法により費用処理することができますので，会社が決定した10年以内の年数と従業員の平均残存勤務年数とを比較します。

　設例の場合は，従業員の平均残存勤務年数が不明ですので，会社が決定した年数を採用することになります。そして，会社は最長の10年を選択したとします。有税で引き当てることとなる金額は，次のようになります。

　退職給付費用（退職給付引当金繰入額）（568,000）

$$= 適用時差異（5,680,000）\times \frac{12}{120}$$

【申告調整】

〔別表四〕

区　分		総　額	処　分	
			留　保	社外流出
加算	退職給付費用繰入否認	568,000	568,000	

〔別表五㈠〕

区　分	期首現在利益積立金額	当期中の増減		当期利益処分等による増減	差引翌期首現在利益積立金額
		減	増		
退職給付引当金	0		568,000		568,000

　この処理によった場合の推移をまとめると次の表のようになります（退職給付引当金の取崩しがありますので，10年後に10,000,000に達していません）。

SECTION 2 実務編

事業年度等	決算書の金額			有税引当部分の金額
	退職給付引当金繰入額	退職給付引当金取崩額	期末退職給与引当金	
平14．4．1			7,200,000	0
平14．4．1～平15．3．31	0	720,000	6,480,000	0
平15．4．1～平16．3．31	0	720,000	5,760,000	0
平16．4．1～平17．3．31	0	720,000	5,040,000	0
平17．4．1～平18．3．31	568,000	720,000	4,888,000	568,000
平18．4．1～平19．3．31	568,000	720,000	4,736,000	1,136,000
平19．4．1～平20．3．31	568,000	720,000	4,584,000	1,704,000
平20．4．1～平21．3．31	568,000	720,000	4,432,000	2,272,000
平21．4．1～平22．3．31	568,000	720,000	4,280,000	2,840,000
平22．4．1～平23．3．31	568,000	720,000	4,128,000	3,408,000
平23．4．1～平24．3．31	568,000	720,000	3,976,000	3,976,000
平24．4．1～平25．3．31	568,000		4,544,000	4,544,000
平25．4．1～平26．3．31	568,000		5,112,000	5,112,000
平26．4．1～平27．3．31	568,000		5,680,000	5,680,000

 毎期の要取崩額720,000円を考慮すると，次のように引き当てることがより適切な処理となります。

7 退職給付債務・退職給付引当金

事業年度等	決算書の金額			有税引当部分の金額
	退職給付引当金繰入額	退職給付引当金取崩額	期末退職給与引当金	
平14.4.1			7,200,000	0
平14.4.1～平15.3.31	0	720,000	6,480,000	0
平15.4.1～平16.3.31	0	720,000	5,760,000	0
平16.4.1～平17.3.31	0	720,000	5,040,000	0
平17.4.1～平18.3.31	1,000,000	720,000	5,320,000	1,000,000
平18.4.1～平19.3.31	1,000,000	720,000	5,600,000	2,000,000
平19.4.1～平20.3.31	1,000,000	720,000	5,880,000	3,000,000
平20.4.1～平21.3.31	1,000,000	720,000	6,160,000	4,000,000
平21.4.1～平22.3.31	1,000,000	720,000	6,440,000	5,000,000
平22.4.1～平23.3.31	1,000,000	720,000	6,720,000	6,000,000
平23.4.1～平24.3.31	1,000,000	720,000	7,000,000	7,000,000
平24.4.1～平25.3.31	1,000,000		8,000,000	8,000,000
平25.4.1～平26.3.31	1,000,000		9,000,000	9,000,000
平26.4.1～平27.3.31	1,000,000		10,000,000	10,000,000

この場合の申告調整は次のようになります。

【申告調整】

〔別表四〕

区分		総額	処分	
			留保	社外流出
加算	退職給付費用繰入否認	1,000,000	1,000,000	

〔別表五(一)〕

区分	期首現在利益積立金額	当期中の増減		当期利益処分等による増減	差引翌期首現在利益積立金額
		減	増		
退職給付引当金	0		1,000,000		1,000,000

これらの方法はあくまでも例示であり、企業の実態を適切に反映した計上方

法を採用することが必要です。

③ 表記について

　法人税法上は「退職給与引当金」ですので，税務上の計算をする場合は，退職給与引当金と表記するのが適切となります。

　しかし，退職給付会計基準及び中小企業会計指針に従えば，企業会計上の貸借対照表で表示されるのは「退職給与引当金」ではなく「退職給付引当金」となります。中小企業においても，今後，貸借対照表に表示する場合は「退職給付引当金」の表現を用いることが求められます。

④ 退職給付会計に対する中小企業の対応

　中小会社の場合は，従来，税法基準により会計上の退職給付引当金を計上していました。そして，平成14年度の税制改正で退職給与引当金の制度が廃止された後は，税務上の退職給与引当金を取り崩すのみで，新たに有税で退職給付引当金の計上を行うことがほとんどなかったと思われます。今後は，会社の財政状態や経営成績を計算書類の利用者に示すためには，会計上の退職給付引当金を積極的に計上していくことになります。

8 税効果会計

≫p. 145, 61.税効果会計

CASE 26　税効果会計の基礎

　有税で貸倒損失額（750）を計上をした。すなわち，法人税法上の貸倒損失の計上要件を満たしていないが，会計上の損失として認識した。実効税率は40%とします。

解説

(1) 税効果会計を適用しない場合

【仕 訳】－当初の仕訳－

　　（借）貸　倒　損　失　　　750　　（貸）売　掛　金　等　　　750

【表 示】

- 損益計算書

税引前当期純利益	1,000
法人税，住民税及び事業税	－700　←1,750×40%
当 期 利 益	300

- 法人税申告書（別表四）

当 期 利 益	300
損金計上法人税等の合計	＋700
貸倒損失否認額	＋750
所 得 金 額	1,750

SECTION 2 実務編

　税効果会計を適用しない場合は，税引前当期純利益1,000に対して，法人税，住民税及び事業税が700になり，会計上の税率が70%となり，両者のバランスが適切になっていません。

(2) 税効果会計を適用した場合

　別表四で貸倒損失を自己否認した750については，将来，法人税法上の貸倒の要件を満たした場合には，損金となるものです。会計上では「費用」となるものと認識されたものであっても，法人税法上は「損金」とならないことから，当期の税金として納付する必要のない750×40％＝300について，会計上，先に認識したものと考えることができます。会計上，将来の税金の前払部分を損益計算書で示していることを意味します。

【仕　訳】

● 当初の仕訳

　　（借）貸　倒　損　失　　　750　　（貸）売　掛　金　等　　　750

● 追加の仕訳

　　（借）繰 延 税 金 資 産　　300　　（貸）法人税等調整額　　　300

【表　示】

　上記の仕訳の結果，損益計算書等は，次のようになります。

● 損益計算書

```
　　　税引前当期純利益　　　　1,000
　　　法人税，住民税及び事業税　－700 ┐
　　　法人税等調整額　　　　　 ＋300 ┘ 会計上の税金（差引400）
　　　　─────────────────────
　　　当　期　利　益　　　　　　 600
```

● 法人税申告書（別表四）

```
　　　当　期　利　益　　　　　　 600
　　　損金計上法人税等の合計　　＋700 ┐
　　　法人税等調整額　　　　　 －300 ┘ 会計上の税金（差引400）
　　　貸倒損失否認額　　　　　 ＋750
　　　　─────────────────────
　　　所　得　金　額　　　　　 1,750
```

税効果会計を適用することにより，税引前当期純利益1,000に対して，会計上の法人税，住民税及び事業税が差引400になり，税引前当期純利益に対する税率が40％となり，両者のバランスが適切になります。

【申告調整】

法人税申告書別表四及び別表五㈠は次のようになります。貸倒れの対象は売掛金とします。

〔別表四〕

区　　　分	総　額	処　分	
		留　保	社外流出
加算　貸倒損失否認額	750	750	
減算　法人税等調整額	300	300	

〔別表五㈠〕

区　分	期首現在利益積立金額	当期中の増減		当期利益処分等による増減	差引翌期首現在利益積立金額
		減	増		
売　掛　金			750		750
繰延税金資産			△300		△300

CASE 27　実効税率

　　法 人 税 率　　　30％
　　住 民 税 率
　　　道府県民税率　　5 ％
　　　市町村民税率　12.3％
　　　――――――――――――
　　　合　　計　　　17.3％
　　事 業 税 率　　　9.6％

法定実効税率は，次の算式で求めます。

SECTION 2 実務編

$$\text{法定実効税率} = \frac{\text{法人税率} \times (1 + \text{住民税率}) + \text{事業税率}}{1 + \text{事業税率}}$$

具体的には,

$$\text{法定実効税率} = \frac{0.30 \times (1 + 0.173) + 0.096}{1 + 0.096} = 0.4087$$

解説

　税効果会計を適用する場合の税率は，表面税率（各税率の単純加算値）ではなく，実効税率を用いて計算します。その理由は，法人税及び事業税の所得を計算するに当たり，前期に確定した事業税の額が当期に損金算入されることになるからです。

　ただし，外形標準課税が平成16年4月1日以後に開始する事業年度から適用され，事業税の所得割の税率が9.6％（標準税率）から7.2％（標準税率）に引き下げられていますので，外形標準課税適用法人の場合は注意が必要です。この数値を用いて単純に計算すると39.55％となります。

　中小企業の場合は，法人税や事業税の軽減税率を考慮して計算することができます。したがって，標準税率が必ずしも法定実効税率の算定基礎になるとは限りませんので，各企業が独自の判断で合理的に法定実効税率を決定する必要があります。中小企業の場合は，40％が一つの目安になるものと思われます。

　なお，改正税法が決算日までに公布されており，将来の税率改正が確定している場合は，改正後の税率を適用します。

9 資本・剰余金

≫p. 160, 70. 自己株式

CASE 28 自己株式の取得

当社は相対取引により自己株式を取得した。

　自己株式の取得価額　　　　　10,000（支払の対価ではありません）
　上記に対応する資本等の金額　　7,500

【仕訳】
- 会計上
　（借）自 己 株 式　10,000　（貸）現 金 預 金　10,000
　自己株式は資本の部において控除して表示します。
- 法人税法上
　（借）自 己 株 式　 7,500　（貸）現 金 預 金　10,000
　　　 利 益 積 立 金　 2,500

取得価額が資本等の金額を超える部分の金額については、それ以上は資本等の金額を減らすことはできませんので、利益積立金を取り崩します。なお、譲渡した株主にとっては、この部分がみなし配当となります。したがいまして、上記の仕訳は次のようになります。

- 会計上
　（借）自 己 株 式　10,000　（貸）現 金 預 金　 9,500
　　　　　　　　　　　　　　　　　預　り　金　　 500

預り金500は、みなし配当に対するものです。

- 法人税法上
　（借）自 己 株 式　 7,500　（貸）現 金 預 金　 9,500
　　　 利 益 積 立 金　 2,500　　　預　り　金　　 500

損益計算に影響がありませんので，別表五㈠のみの申告調整となります。

【申告調整】

〔別表五㈠〕 I 利益積立金額の計算に関する明細書

区　分	期首現在利益積立金額	当期中の増減		当期利益処分等による増減	差引翌期首現在利益積立金額
		減	増		
自己株式				△2,500	△2,500

● 株主の処理（参考）

ちなみに，株式を譲渡した株主について，あえて仕訳をすると仕訳は次のようになります。帳簿価額は6,000であったとします。

(借)現　金　預　金　　9,500　　(貸)自　己　株　式　　6,000
　　仮　払　税　金　　　500　　　　受　取　配　当　　2,500
　　（源泉所得税）　　　　　　　　　自己株式譲渡益　　1,500

CASE 29　自己株式の処分

当社は保有している上記CASE 28の自己株式を相対取引により譲渡した。

　　自己株式の譲渡価額　　12,000

譲渡時期は取得した期の翌期とします。

【仕訳】

● 会計上

(借)現　金　預　金　　12,000　　(貸)自　己　株　式　　10,000
　　　　　　　　　　　　　　　　　　　自己株式処分差益　 2,000

自己株式処分差益はその他資本剰余金の区分に表示します。

● 法人税法上

(借)現　金　預　金　　12,000　　(貸)自　己　株　式　　 7,500
　　　　　　　　　　　　　　　　　　　資本積立金額　　　4,500

法人税法上，自己株式の処分差損益（差益のみならず，差損も）は資本積立金

となります。新株式の発行と同様に考えることができます。損益計算に影響がありませんので，別表五(一)のみの申告調整となります。

【申告調整】

〔別表五(一)〕 Ⅰ 利益積立金額の計算に関する明細書

区　分	期首現在利益積立金額	当期中の増減		当期利益処分等による増減	差引翌期首現在利益積立金額
		減	増		
自己株式	△2,500			2,500	0
資本積立金				△2,500	△2,500

　会計上10,000で計上していたが，法人税法上は7,500であった自己株式を処分したことにより，自己株式の区分の「差引翌期首現在利益積立金額」は0となります。

　法人税法上，増加させるべき資本積立金の金額は，4,500－2,000＝2,500です。利益積立金を減少させることにより，資本積立金を増加させます。

〔別表五(一)〕 Ⅱ 資本積立金額の計算に関する明細書

区　分	期首現在利益積立金額	当期中の増減		当期利益処分等による増減	差引翌期首現在利益積立金額
		減	増		
利益積立金				2,500	2,500

CASE 30 自己株式の消却

当社は保有している上記CASE 28の自己株式を消却した。
消却の原資は，当期未処分利益を充てることとする。

【仕訳】

● 会計上
　　（借）当期未処分利益　　10,000　　（貸）自　己　株　式　　10,000
● 法人税法上
　　（借）資　本　積　立　金　　7,500　　（貸）自　己　株　式　　7,500

SECTION 2　実務編

　法人税法上は，消却の対象となった自己株式の税務上の帳簿価額をもって，資本積立金額を減額します。

　別表五㈠のみの申告調整となります。

【申告調整】

〔別表五㈠〕　I　利益積立金額の計算に関する明細書

区　　分	期首現在利益積立金額	当期中の増減		当期利益処分等による増減	差引翌期首現在利益積立金額
		減	増		
自己株式	△2,500			2,500	0
資本積立金				7,500	7,500

　法人税法上，減少させるべき資本積立金の金額は7,500です。利益積立金を増加させることにより，資本積立金を減少させます。

〔別表五㈠〕　II　資本積立金額の計算に関する明細書

区　　分	期首現在利益積立金額	当期中の増減		当期利益処分等による増減	差引翌期首現在利益積立金額
		減	増		
利益積立金				△7,500	△7,500

10 外貨建取引等

≫p. 176, 78. 会計処理と法人税法上の取扱い

CASE 31 申告調整

本指針に基づいて会計処理を行った場合において，法人税法上の期末時換算方法と処理が一致していないときは，申告調整が必要となります。

例：外貨建長期借入金	100,000ドル
発生時の為替相場	100円／ドル
発生時の円換算額	10,000,000円
決算時の為替相場	110円／ドル
法人税法上，換算方法を選定していません。	

解説

上記の場合，本指針に基づくと，決済時の為替相場により換算することになりますので，次の仕訳を行います。

【仕 訳】

（借）為 替 差 損 1,000,000 （貸）長 期 借 入 金 1,000,000

法人税法上，換算方法を選定していませんので，法定換算方法である発生時換算法によることになります。したがって，法人税法上，上記の為替差損は損金の額に算入することができませんので，申告調整が必要となります。法人税申告書別表四及び別表五㈠は次のようになります。

〔別表四〕

区 分		総 額	処 分	
			留 保	社外流出
加算	為替差損否認	1,000,000	1,000,000	

〔別表五(一)〕

区 分	期首現在利益積立金額	当期中の増減		当期利益処分等による増減	差引翌期首現在利益積立金額
		減	増		
長期借入金		1,000,000			△1,000,000

著者紹介

上西　左大信（うえにし　さだいじん）

昭和32年10月　大阪市に生まれる。
昭和55年3月　京都大学経済学部卒業
昭和60年3月　財団法人松下政経塾卒塾
平成8年2月　税理士登録

現　在　上西左大信税理士事務所所長、日本税理士会連合会・税制審議会専門委員、同・中小企業会計研究会委員、同・調査研究部副部長

著　書　「検証　税法上の不確定概念」、「検証　納税者勝訴の判決」、「税法と会社法の連携」「税務是認判断事例集」、「検証　国税非公開裁決」、「検証　判例・裁決例等から見た消費税における判断基準」、「新会社法の実務Q＆A」、「法人税申告書の作り方（平成17年版）」、「『中小企業の会計に関する指針』ガイドブック」他（いずれも共著）

著者との契約により検印省略

平成18年3月10日　初版発行

「中小企業の会計に関する指針」
と実務

著　者　　上　西　左大信
発行者　　大　坪　嘉　春
印刷所　　税経印刷株式会社
製本所　　株式会社　三森製本所

発行所　東京都新宿区下落合2丁目5番13号　株式会社　税務経理協会
郵便番号　161-0033　振替　00190-2-187408　電話(03)3953-3301(編集代表)
FAX(03)3565-3391　　　(03)3953-3325(営業代表)
URL http://www.zeikei.co.jp/
乱丁・落丁の場合はお取替えいたします。

© 上西左大信 2006　　　Printed in Japan

本書の内容の一部又は全部を無断で複写複製（コピー）することは、法律で認められた場合を除き、著者及び出版社の権利侵害となりますので、コピーの必要がある場合は、あらかじめ当社あて許諾を求めて下さい。

ISBN4-419-04668-6　C2034